도덕성 진단 검사와
도덕 교육

도덕성 진단 검사와 도덕 교육

발행일	2025년 8월 18일
지은이	남궁달화
펴낸이	손형국
펴낸곳	(주)북랩
편집인	선일영	편집	김현아, 배진용, 김다빈, 김부경
디자인	이현수, 김민하, 임진형, 안유경	제작	박기성, 구성우, 이창영, 배상진
마케팅	김회란, 손화연, 박진관
출판등록	2004. 12. 1(제2012-000051호)
주소	서울특별시 금천구 가산디지털 1로 168, 우림라이온스밸리 B동 B111호., B113~115호
홈페이지	www.book.co.kr
전화번호	(02)2026-5777	팩스	(02)3159-9637
ISBN	979-11-7224-791-1 03370 (종이책)	979-11-7224-792-8 05370 (전자책)

잘못된 책은 구입한 곳에서 교환해드립니다.
이 책은 저작권법에 따라 보호받는 저작물이므로 무단 전재와 복제를 금합니다.
이 책은 (주)북랩이 보유한 리코 장비로 인쇄되었습니다.

(주)북랩 성공출판의 파트너

북랩 홈페이지와 패밀리 사이트에서 다양한 출판 솔루션을 만나 보세요!

홈페이지 book.co.kr • **블로그** blog.naver.com/essaybook • **출판문의** text@book.co.kr

---

작가 연락처 문의 ▶ ask.book.co.kr

작가 연락처는 개인정보이므로 북랩에서 알려드릴 수 없습니다.

데이터로 읽고 공감으로 이해하는 도덕성

도덕성 진단 검사와 도덕 교육

도덕성은 타고나는 게 아니라,
진단하고 교육해야 할 능력이다!

도덕성의 구조를 밝히고 맞춤형 교육을 제시하는
21세기 도덕 교육의 실천서

남궁달화

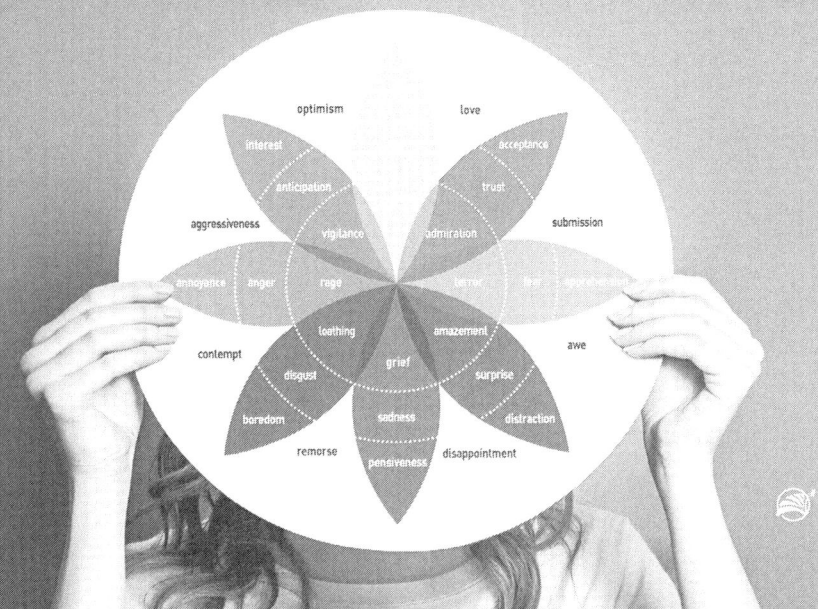

북랩

머리말

윌슨(J. Wilson)은 그가 제시하는 4범주 16요소로 구성된 도덕성을 학생들에게 계발 또는 증진시켜 주는 과정을 도덕교육으로 본다. 그는 이러한 도덕성을 증진시켜 줄 수 있는 방법으로 사고하기, 토의하기, 계약 및 규칙 지키기, 그리고 가정모형 적용하기를 그의 저서『도덕교육 방법의 실제(Practical Methods of Moral Education)』(1972)에서 제시하였다.

윌슨의 도덕교육 방법론에 관심이 있는 교사는 저러한 방법들을 적용·활용하여 도덕교육을 할 수 있다. 그리고 교사는 윌슨이 그의 저서『도덕교육평가(The Assessment of Morality)』(1973)에서 제시하는 평가의 전략과 유형에 따라 저러한 방법들을 적용·활용한 도덕교육이 얼마나 성과가 있었는가를 평가할 수 있다. 그러나 윌슨이『도덕교육평가』에서 제시한 방법은 이른바 수행평가 방법이다. 물론 그러한 방법들은 도덕교육의 성과를 평가하는 방법으로 바람직한 것으로 사료된다. 그래서 나는 그의 이론과 방법에 기초해서 『도덕교육과 수행평가』(교육과학사, 2000)를 저술한 바 있다.

그러나 나는 주관식 평가 중심의 수행평가와 더불어 객관식 평가 중심의 표준화된 검사 도구도 필요하다고 생각하였다. 더욱이 학생들에게 사고하기, 토의하기, 계약 및 규칙 지키기, 가정모형 적용하기 등의 방법들을 적용·활용하여 도덕교육을 했을 때, 그러한 방법들이 얼마나 효과가 있었는가를 알아보는 실험연구를 위해서는 표준화된 객관식 평가 도구가 필요하다고 생각하였다.

이 책은 이러한 필요성에 의해 학생들의 도덕성 함양 상태를 측정할 수 있는 '도덕성 진단 검사'의 개발을 목적으로 하였다. 그러나 이 검사 도구의 유용성은 단순히 학생들의 도덕성 함양 상태를 측정하는 데서보다는, 도덕성을 증진시키기 위해 적용·활용한 방법들이 얼마나 효과가 있었는가를 알아보는 사전, 사후 검사의 도구로서 사용되는 데서 더 찾아볼 수 있을 것이다.

이러한 취지와 목적을 위해 이 책은 제1부에서는 '도덕성 진단 검사' 도구의 개발을 다루었고, 제2부에서는 윌슨이 제시하는 도덕교육 방법들의 실제를 다루었다.

'도덕성 진단 검사'가 개발되는 데에는 지난 수년여에 걸쳐 나의 수업에 참여한 수강자들의 도움이 많았다. 특히 대학원 강의에 참여한 수강자들의 도움이 컸다. 그들의 참여와 협조에 감사한다. 그리고 무엇보다도 교육 측정 및 평가 전문가이신 한국교원대 교육학과 김정환 교수님의 도움에 감사한다. 이 도구의 개발 과정에서 측정 및 평가와 관련된 모든 설계와 계산 및 해석은 그에 의해 이루어졌다.

2025년 7월 17일
남궁달화

차 례

머리말   5

제1부
'도덕성 진단 검사' 도구의 개발

제1장   검사 도구 개발의 의의   13

제2장   윌슨의 도덕성 요소와 평가기준   27

제3장   '도덕성 진단 검사'의 제작   53

제4장   '도덕성 진단 검사'의 신뢰도 및 타당도   89

제5장   '도덕성 진단 검사'와 실험연구 사례   125

제2부
도덕교육 방법의 실제

제6장	학술적 도덕교육과 사회적 도덕교육	**145**
제7장	사고하기	**161**
제8장	토의하기	**186**
제9장	규칙 지키기	**209**
제10장	가정모형 적용하기	**232**
	참고문헌	**247**
	부록 1 — 도덕성 요소의 평가기준	**249**
	부록 2 — '도덕성 진단 검사' 실시 요강	**257**
	부록 3 — '도덕성 진단 검사' 문제지	**263**
	부록 4 — '도덕성 진단 검사' 답안지	**291**
	부록 5 — '도덕성 진단 검사' 정답표	**292**

제1부

'도덕성 진단 검사' 도구의 개발

제1부는 윌슨이 제2부에서 제시하는 사고하기, 토의하기, 계약 및 규칙 지키기, 가정모형 적용하기 등의 방법을 교사가 도덕교육에 적용할 때, 그러한 방법의 일부 또는 전부가 얼마만큼이나 효과적인가를 알아 보는 데 사용할 수 있는 도덕성의 진단 검사 도구를 개발하는 것을 목적으로 한다.

제1장
검사 도구 개발의 의의

1. 검사 도구 개발의 필요성 및 목적

'도덕과 교육'은 수업을 통해 학생들이 도덕성(道德性)을 함양할 수 있도록 교사가 그들을 도와주는 일이다. 교사가 수업에서 다루어야 하는 도덕성은 인지적, 정서감정적, 그리고 행동적 측면으로 구성되어 있다. '도덕과 수업'은 이들 측면 모두를 통합하여 조화롭게 다루어야 한다.

도덕과 교육의 목적은 이러한 도덕성을 주제로 하여 학생들을 '도덕적으로 교육된 사람'이 되게 하는 것이다. 이러한 사람은 도덕적인 것이 무엇인가를 아는 사람만도 아니고, 다른 사람을 배려하는 사람만도 아니다. 그렇다고, 단순히 행동하는 사람만도 아니다. '도덕적으로 교육된 사람'은 도덕적 문제가 발생했을 때, 다른 사람을 배려하는 마음을 가지고, 도덕규범에 따라 도덕적 문제를 합리적으로 판단하여 시비선악(是非善惡)이 무엇인가를 알고, 판단대로 행동하는 사람이다.

그런데 우리는 이러한 사람, 즉 어떤 사람이 '도덕적으로 교육된 사람임'을 어떻게 알 수 있는가? 이 물음은 결국 도덕교육의 평가에 관한 것이다. 도덕과 교사는 나름대로 그의 교육성과가 학생들에게 어떻게 나타나고 있는가를 평가할 수 있을 것이다. 그러나 대개의 경우 그러한 평가는 수업내용과 직접 관련된 도덕성의 부분적 평가일 가능성이 높다. 즉 도덕성의 함양 정도를 전체적이면서도 통합적으로 평가하지 못할 가능성이 높다. 물론 현재 관심을 가지고 실시되고 있는 수행평가는 통합적 접근의 가능성을 보다 보장할 수 있을 것이다.

그러나 나는 주관식 방법 중심의 수행평가와 더불어 객관식 방법 중심의 표준화 검사에 의한 평가도 필요하다고 생각한다. 도덕성에 관한 표준화 검사는 구체적이고도 부분적인 수업과 무관하게 학생들의 도덕성 함양 정도를 평가하는 데 일반적으로 사용될 수 있다. 학년 또는 학기 초에 학생들이 얼마만큼이나 도덕성을 함양한 상태인가를 진단할 목적으로 사용될 수 있다. 학년 또는 학기말에 그들의 도덕성이 얼마만큼이나 증진되었는가를 평가할 목적으로 사용될 수도 있다. 이러한 표준화검사는 도덕과 수업 자체를 위해서는 물론, 별도의 도덕교육 연구를 위해서도 필요하다.

지금까지 알려진 도덕성 진단검사 도구로서는 콜버그(L. Kohlberg)가 개발한 도덕판단 면담법과 포오터와 테일러(N. Porter &

N. Tayler)가 개발한 OISE[1] 검사와 레스트(J. Rest)가 개발한 DIT[2] 등이 있다. 이들 검사는 모두 콜버그의 도덕성 발달 6단계를 진단하기 위한 것이다. 이들 검사의 결과는 피검사자의 도덕성 발달이 어느 단계에 있는가를 말해 준다. 그런데 콜버그의 단계 개념은 도덕적 판단 능력에 관한 것이다. 즉 한 사람이 제3단계로 진단되었다면, 이는 그의 도덕판단 능력이 제3단계 수준이라는 의미다. 이에서 알 수 있는 바와 같이, 콜버그의 이론에 근거한 도덕성 진단검사는 도덕판단 능력의 평가다. 이는, 그러한 검사는 도덕성의 함양 정도를 통합적으로 평가하는 도구로서는 적절하지 못하다는 의미를 함축한다. 도덕성은 도덕적 판단 능력만으로 구성되는 것은 아니기 때문이다.

나는 도덕적으로 교육된 사람은 도덕판단 능력을 포함하여 정서감정의 인지능력, 도덕적 지식·동기·행동, 사회적 기술 등 도덕성의 구성 요소들을 통합적으로 함양한 사람이라고 이해하고 있다. 윌슨(J. Wilson)은 '다른 사람을 나와 동등하게 고려하기(PHIL)', '사람들의 정서감정을 인지하기(EMP)', '엄연한 사실적 지식과 사회적 기술을 습득하기(GIG)', 그리고 '도덕적 문제를 인식, 사고, 판단하여 행동하기(KRAT)'에 이르는 도덕성의 4범주 16요소들을 제시하고 있다. 그는 도덕교육이란 이러한 요소들을 교사가 학생들에게 개발 또는 증진시켜 주는 일로 본다. 이러한 요소들을 갖춘 사람을 도덕적으로 교육된 사람으로 보고 있다.

---

1   OISE는 캐나다에 있는 The Ontario Institute for the Studies in Education의 머리글자다.
2   DIT는 The Defining Issues Test의 머리글자다.

이 책에서 제시하고 있는 '도덕성 진단 검사' 도구는 윌슨의 도덕성 요소 및 이론에 기초하여 개발되었다. 이 '도덕성 진단 검사'는 학생들의 도덕성 함양 정도를 통합적으로 평가하는 도구가 될 수 있을 것으로 생각한다. 윌슨의 도덕성의 개념 및 그 구성은, 콜버그의 것과는 다르게, 도덕성의 요소들이 전체적이면서도 통합적으로 그리고 체계적으로 구조화 되어 있기 때문이다.

2. 검사 도구의 내용 및 문제

'도덕성 진단 검사'는 윌슨이 제시하고 있는 도덕성의 요소 15가지를[3] 내용으로 하였다. 그리고 이 요소들 각각의 무엇을 어떻게 측정 또는 평가할 것인가를 문제로 하였다. 이들 내용과 문제는 다음과 같이 진술될 수 있다:

---

[3] 나는 윌슨이 제시한 16가지 도덕성 요소의 일부를 조종하여 15가지로 하였다. 이에 대해서는 제2장의 각주 22를 참조하기 바람.

제1범주: 다른 사람을 나와 동등하게 고려하기(PHIL)[4]

1. 사람의 개념을 알기(PHIL-HC)[5] - 사람의 개념은 무엇인가? 사람의 개념을 알고 있는가를 평가하는 문항을 무엇으로 그리고 어떻게 구성할 것인가?
2. 사람의 개념을 도덕원리로 주장하기(PHIL-CC)[6] - 사람의 개념을 도덕원리로 주장한다는 것은 무슨 뜻이며, 그것이 어떻게 도덕원리가 될 수 있는가? 사람의 개념을 도덕원리로 주장하고 있는가를 평가하는 문항으로 무엇을 어떻게 구성할 것인가?
3. 사람의 개념을 사람 지향적 차원에서 도덕원리로 지지하는 정서감정을 가지기(PHIL-RSF-PO)[7] - 사람의 개념을 사람 지향적 차원에서 도덕원리로 지지하는 정서감정은 어떤 상태인가? 사람의 개념을 사람 지향적 차원에서 도덕원리로 지지하는 정서감정을 가지고 있는가를 평가하는 문항으로 무엇을 어떻게 구성할 것인가?
4. 사람의 개념을 의무 지향적 차원에서 도덕원리로 지지하는 정서감정을 가지기(PHIL-RSF-DO)[8] - 사람의 개념을 의무 지향적

---

[4] 윌슨은 PHIL을 '다른 사람에 대한 관심', '다른 사람의 이익고려' 등으로 말하기도 한다. 그리고 여기서 사용되는 약어는 윌슨이 그리스어 philos에서 따온 말이다. 윌슨은 이러한 약어의 사용은 단순한 편의성 뿐 아니라(Wilson, 1990, p. 130) 개념의 정확성과 명료성을 기하기 위해 사용한다고 말한다(T. McLaughlin & J. Halstead, 2000, p. 252).
[5] 여기서 HC는 having the concept의 머리글자다.
[6] CC는 claiming the concept의 머리글자다.
[7] RSF는 rule supporting feelings, PO는 person-oriented의 머리글자다.
[8] DO는 duty-oriented의 머리글자다.

차원에서 도덕원리로 지지하는 정서감정은 어떤 상태인가? 사람의 개념을 의무 지향적 도덕원리로 지지하는 정서감정을 가지고 있는가를 평가하는 문항으로 무엇을 어떻게 구성할 것인가?

제2범주: 사람들의 정서감정을 인지하기(EMP)[9]

1. 정서감정의 개념을 알기(EMP-HC) - 정서감정에는 어떤 것들이 있으며, 정서감정을 안다는 것은 무엇을 의미하는가? 정서감정의 개념을 알고 있는가를 평가하는 문항으로 무엇을 어떻게 구성할 것인가?
2. 나의 정서감정을 인지하기(EMP-1)[10] - 나의 정서감정을 어떻게 알 수 있는가? 나의 정서감정을 인지하는 평가문항으로 무엇을 어떻게 구성할 것인가?
3. 다른 사람의 정서감정을 인지하기(EMP-2)[11] - 다른 사람의 정서감정을 어떻게 알 수 있는가? 다른 사람의 정서감정을 인지하는 평가문항으로 무엇을 어떻게 구성할 것인가?

---

9   EMP는 그리스어 empathe에서 따온 말이다.
10 EMP-1에서 1은 나를 가리킨다.
11 EMP-2에서 2는 다른 사람을 가리킨다.

제3범주: '엄연한' 사실적 지식과 사회적 기술을 습득하기(GIG)[12]

1. '엄연한' 사실에 관해 알기(GIG-1-KF)[13] - '엄연한' 사실에는 어떤 것들이 있는가? '엄연한' 사실적 지식을 알고 있는가를 평가하는 문항으로 무엇을 어떻게 구성할 것인가?

2. '엄연한' 사실의 정보원천에 관해 알기(GIG-1-KS)[14] - '엄연한' 사실의 정보원천은 어떻게 알 수 있는가? '엄연한' 사실의 정보원천을 알고 있는가를 평가하는 문항으로 무엇을 어떻게 구성할 것인가?

3. 언어적인 사회적 기술을 습득하기(GIG-2-VC)[15] - 언어적인 사회적 기술은 무엇이고 어떻게 습득할 수 있는가? 언어적인 사회적 기술을 습득한 상태인가를 평가하는 문항으로 무엇을 어떻게 구성할 것인가?

4. 비언어적인 사회적 기술을 습득하기(GIG-2-NVC)[16] - 비언어적인 사회적 기술은 무엇이고 어떻게 습득할 수 있는가? 비언어적인 사회적 기술을 습득한 상태인가를 평가하는 문항으로 무엇을 어떻게 구성할 것인가?

---

12 GIG는 그리스어 gignosco에서 따온 말이다.
13 GIG-1-KF에서 1은 '엄연한' 사실을 가리키고, KF는 knowledge of facts의 머리글자다.
14 KS는 knowledge of sources의 머리글자다.
15 GIG-2-VC에서 2는 사회적 기술을 가리키고, VC는 verbal communication의 머리글자다.
16 NVC는 non-verbal communication의 머리글자다.

제4범주: 도덕적 문제를 인식, 사고, 판단(결정)하여 행동하기 (KRAT)[17]

1. 도덕적 문제인가를 타당하게 인식하기(KRAT-1-RA)[18] - 어떻게 도덕적 문제인가를 타당하게 인식할 수 있는가? 도덕적 문제를 타당하게 인식하고 있는가를 평가하는 문항으로 무엇을 어떻게 구성할 것인가?

2. 도덕적 문제에 대해 철저하게 사고하기(KRAT-1-TT)[19] - 어떻게 사고하는 것이 도덕적 문제에 대해 철저하게 사고하는 것인가? 도덕적 문제에 대해 철저하게 사고하는가를 평가하는 문항으로 무엇을 어떻게 구성할 것인가?

3. 도덕적 문제를 정당하게 판단하기(KRAT-1-OPU)[20] - 어떻게 판단하는 것이 도덕적 문제를 정당하게 판단하는 것인가? 도덕적 문제를 정당하게 판단하는가를 평가하는 문항으로 무엇을 어떻게 구성할 것인가?

4. 도덕적 문제를 판단대로 행동하기(KRAT-2)[21] - 도덕적 문제를 판단대로 행동하기 위해서는 무엇을 어떻게 해야 하는가? 도덕적 문제를 판단대로 행동하는가를 평가하는 문항으로 무엇을

---

17 KRAT는 그리스어 kratos에서 따온 말이다.
18 KRAT-1-RA에서 1은 도덕적 문제를 인식, 사고, 결정(판단)하는 것을 가리키고, RA는 relevantly alert의 머리글자다.
19 TT는 thinking thoroughly의 머리글자다.
20 OPU는 각각 overriding, prescriptive, universalized의 머리글자다.
21 KRAT-2에서 2는 동기 및 행동을 가리키는 말이다.

어떻게 구성할 것인가?

3. 검사 도구 개발의 절차 및 설계

이 검사 도구는 다음과 같은 절차와 설계에 의해 이루어졌다:

1. '도덕성 진단 검사' 도구개발의 목적을 제시하고 정당화하였다 (제1장 제1절 참조).
2. 검사 도구의 구성 내용이 되는 윌슨의 도덕성 요소들을 비교적 구체적으로 고찰·분석·정리하였다(제2장 참조).
3. 검사문항의 제작과 내용 타당도의 산출에서 기초로 사용하기 위해 윌슨의 15가지 도덕성 요소들로부터 '도덕성 요소의 평가기준'을 수립하였다(제2장 참조).
4. '도덕성 진단 검사' 도구의 활용은 중등학생들을 대상으로 하는 것을 원칙으로 하였다.
5. 검사의 문항형식은 3지 선택형(三肢選擇型)으로 하였다.
6. 수립된 '도덕성의 평가기준'에 기초하여 55개의 문항이 제작되었다.
7. 이를 수정·보완하기 위해 중등학생들을 대상으로 1차 검사를 실시하였다.
   가. 1차 검사 대상자 수는 중학생과 고등학생 각각 80명씩 160

명으로 하였다.

나. 검사문항의 곤란도와 변별도를 분석하였다.

다. 문항 및 답지의 적합성을 분석하였다.

8. 1차 검사 결과를 반영하여 검사문항을 수정·보완한 후 2차 검사를 실시하였다.

가. 다른 학생들을 대상으로 2차 검사를 실시하였다. 대상자 수는 1차 때와 동일하게 하였다.

나. 검사의 곤란도와 변별도를 분석하였다.

다. 문항 및 답지의 적합성을 분석하였다.

9. 2차로 실시한 검사의 문항분석 결과를 반영하여 최종 '도덕성 진단 검사' 도구가 제작되었다(제3장 및 부록 1 참조).

10. 실시방법과 채점방법을 결정하였다.

11. 다음과 같은 표집에 의해 신뢰도를 산정하였다(제4장 제1절 참조).

학교\지역	서울	광역시	도시	읍면	계
A	40	40	40	40	160
B	40	40	40	40	160
C	40	40	40	40	160
계	120	120	120	120	480

12. 이들 중 130여명을 대상으로 재검사 신뢰도를 산출하였다(제4장 제1절 참조).

13. '도덕성 요소의 평가기준'에 기초하여 '내용 타당도 평정척도'를 제작하였다(제4장 제2절 참조).
14. '도덕성 진단 검사'의 내용 타당도를 검사할 수 있는 전문가를 양성할 목적으로 윌슨의 도덕성 요소 이해를 위한 워크숍이 이루어졌다(2004. 7. 26~8. 14). 3주 48시간에 걸쳐 이루어진 이 워크숍에는 25명의 현직 교사들이 참여하였다. 이들에 의해 '도덕성 진단 검사'의 내용 타당도가 산정되었다(제4장 제2절 참조).
15. 다음을 포함한 실시요강(manual)을 만들었다(부록 2 참조).
    가. 검사의 목적
    나. 검사의 요인
    다. 신뢰도와 타당도
    라. 검사의 실시와 채점 방법
    마. 검사 점수의 해석과 도덕교육
    바. 검사 도구의 활용 방안

4. 검사 도구의 활용방안

도덕교육을 연구하는 사람들은 적어도 한 번 이상은 '도덕성의 평가가 가능한가?'를 진지하게 묻고 대답해 본 경험이 있을 것이다. 그러나 대개의 경우 회의적인 대답을 하지 않았을까 생각한다. 그러나 나는 긍정적인 대답을 할 수 있다고 생각한다. 물론 이에는 전제조건이 있고 그것이 충족되어야 한다. 내가 생각하는 전제조건은 '도덕성의 구성이론이 얼마만큼이나 타당하고 합리적인가?'의 물음을 충족시키는 것이다. 만약에 우리가 이 물음에 긍정적으로 대답할 수 있는 도덕성의 구성이론을 가지고 있다면, 도덕성의 평가는 가능할 것이다.

나는 윌슨이 4범주에 걸쳐 16개 요소로 제시하고 있는 도덕성의 구성이론이 타당하고 합리적이라고 생각하고 있다. 그러므로 도덕성의 평가 또한 가능하다고 생각하고 있다. 우리는, 사람들이 그러한 도덕성 요소들을 얼마만큼이나 갖추고 있는가를 측정 또는 평가하는 방법을 개발할 수 있을 것이기 때문이다. 물론 이것은 어려운 일임에는 틀림없다. 이것이 얼마만큼이나 어려운가는 지금까지 국내외에 알려진 표준화된 도덕성 검사 도구가 실질적으로 DIT 이외에 다른 것을 찾아볼 수가 없다는 사실에서 증명된다. 그러나 앞에서도 언급한 바와 같이 콜버그의 이론에 기초한 DIT는 도덕성의 구성측면을 전체적이면서도 통합적으로 평가하지 못하는 한계를 가지고 있다.

윌슨의 도덕성 요소에 기초한 그의 도덕교육이론은 학계에서 상당한 인정을 받고 있다고 생각된다. 이는, 2000년 가을호로 발행된 『도덕교육지(The Journal of Moral Education)』 제29권 제3호 전체가 그의 도덕교육이론을 특집으로 하는 11편의 논문으로 구성되었다는 사실에서도 알 수 있다. 다시 말하면, 윌슨의 도덕성 구성요소에 기초하여 연구·개발하고자 하는 이 '도덕성 진단검사'는 내용 타당도를 확보하고 있는 것으로 볼 수 있다. 물론 이 말은 이 검사 도구가 얼마만큼이나 윌슨의 이론을 검사 문항에 잘 반영시킬 수 있는가가 전제된 것이다.

이 '도덕성 진단 검사'는 표준화된 도덕성 검사 도구로서는 실질적으로 DIT에 이어 두 번째가 될 것이다. 더욱이 도덕성의 구성요소를 전체적이면서도 통합적으로 평가할 수 있는 검사 도구로서는 첫 번째가 될 것이다. 이러한 점에서 이 검사 도구는 도덕교육 자체를 위해서는 물론, 도덕교육의 연구를 위해서도 상당한 기여를 할 수 있을 것으로 생각한다.

이 검사 도구의 활용방안으로서는 다음과 같은 것들을 생각해 볼 수 있다:

1. 윌슨의 도덕성 요소에 기초하여 도덕교육을 하는 교사가 그의 교수·학습 방법의 효과를 평가하는 데 활용할 수 있다.
2. 그러나 이 검사 도구는 일반적 이론에 의해 접근되는 교수·학습의 효과를 평가하는 데에도 활용될 수 있을 것이다. 왜냐하면 이 검사 도구는 도덕성의 구성요소를 전체적이면서도 통합적으로 반영하고 있기 때문이다.
3. 학기 또는 학년 단위로 학생들의 도덕성 함양 정도를 평가하여 교수·학습을 개선하는 데 활용될 수 있다.
4. 학생들을 실험반과 비교반으로 나누어 실시하는, 그리고 사전 사후검사가 이루어지는 실험연구에서 학생들의 도덕성 증진 효과를 검사하는 도구로서 활용될 수 있다.

5. 이 검사 도구는 도덕과에서 교수·학습의 내용과 목적이 무엇으로 구성되어야 하는가를 시사하는 효과도 기대할 수 있을 것이다.
6. 대학생들을 포함한 일반인들의 도덕성 함양 정도를 평가하기 위해서도 활용될 수 있다.

제2장
윌슨의 도덕성 요소와 평가기준

　이 장에서는 윌슨이 제시하고 있는 도덕성의 4범주 15요소들[22] 각각이 무엇인가를 그의 문헌[23]을 통해 분석·설명한 후, 이로부터

---

[22] 앞 장에서 이미 언급한 바와 같이 윌슨이 제시한 도덕성의 요소는 원래 모두 16가지다. 그러나 나는 이 책에서 15가지로 조정하여 다루었다. 즉 '나의 ① 의식적, ② 무의식적 정서감정을 인지하기(EMP-1-Cs, EMP-1-Ucs)'와 '다른 사람의 ③ 의식적, ④ 무의식적 정서감정을 인지하기(EMP-2-Cs, EMP-2-Ucs)'에서 '의식적'인 것과 '무의식적'인 것을 구별하지 않고 함께 다루었다. 그러므로 이 네 가지 요소는 ① '나의 정서감정을 인지하기(EMP-1)'와 ② '다른 사람의 정서감정을 인지하기(EMP-2)'로 두 가지가 된다. 한편 '사람의 개념을 도덕원리로 지지하는 정서감정을 가지기('사람 지향적 차원'과 '의무 지향적', PHIL-RSF-PO & DO)'를 ① 사람의 개념을 사람 지향적 차원에서 도덕원리로 지지하는 정서감정을 가지기(PHIL-RSF-PO)'와 ② '사람의 개념을 의무 지향적 차원에서 도덕원리로 지지하는 정서감정을 가지기(PHIL-RSF-DO)'로 나누어 다루고자 한다. 그러므로 이 책에서 다루어지는 윌슨의 도덕성 요소는 모두 15가지가 된다.

[23] 이 장에서 정리된 윌슨의 도덕성 요소들은 그의 저서 *Practical Methods of Moral Education*(1972) pp. 19~27(남궁달화 역, 『도덕교육 방법의 실제』(2001) pp. 47~62)과 *The Assessment of Morality*(1973) pp. 41~68(남궁달화 역, 『도덕교육평가』(2002) pp. 89~138)에서 참조하였다.

각각의 요소에 대한 평가기준을 이끌어 내었다.

제1범주 다른 사람을 나와 동등하게 고려하기(PHIL)

이 범주의 요소는 다른 사람과 나를 동일하게 생각하는 태도다. 다른 사람의 감정과 이익을 실제로 나의 것과 '같게' 생각하는 태도다; 나의 감정과 이익이 특별한 경우라고 생각하지 않는 태도다. 다른 사람을 나와 마찬가지로 권리를 가진 사람으로 생각하는 태도다. 다른 사람의 욕구와 그가 필요로 하는 것을 존중하는 태도다. 윌슨은 이 요소를 PHIL로 표시한다. 이 범주는 다음과 같은 네 가지 하위 요소들로 구성된다:

1. 사람의 개념을 알기(PHIL-HC)

가. 개념

이 요소는 사람의 개념을 아는 태도다. 사람이란 같은 범주로 분류되는 '이성적 생물(rational animate creatures)'을 가리킨다. 이성적 생물은 언어를 사용하는 실체다. 의지, 정서감정, 의도, 목적, 의식 등을 가진 존재다. 이성적 생물은 성별, 피부색, 인종, 교조(敎

條) 등에 관계없이 인간이라는 하나의 범주로 분류되어야 한다. 이 요소를 갖춘 사람은 모든 사람을 사람이라는 하나의 범주로 분류할 수 있는 사람이다. 어떤 존재가 이성적 생물이라면, 그 존재는 사람이다. 그러므로 그가 누구이든 자신과 동등한 사람으로 고려할 수 있어야 한다. 내가 나의 욕구나 이익에 관심을 가지듯이 다른 사람의 욕구나 이익에도 관심을 가질 수 있어야 한다. 즉 다른 사람의 이익을 나의 이익과 동등하게 고려할 수 있어야 한다. 사람을 신분, 지위, 직업, 부(富), 피부색, 성별, 인종 등에 따라 차별 대우할 수 있다고 생각하는 사람은 '사람의 개념을 알고 있는 사람'이라고 말할 수 없다.

나. 평가기준

이러한 '사람의 개념 알기'로부터 이 요소의 평가기준을 다음과 같이 이끌어 내었다:

(0) 사람이란 무엇인가의 개념을 이해한다.
(1) 사람은 이성적 생물이다.
(2) 사람은 언어를 사용하는 생물이다.
(3) 사람은 다른 생물들과는 다른 차원에서 나름대로의 자기 의지, 의도, 정서, 감정, 의식, 욕구, 욕망, 바람, 목적 등을 가지고 있는 존재다.

2. 사람의 개념을 도덕원리로 주장하기(PHIL-CC)

가. 개념

이 요소는 사람의 개념을 도덕원리로 주장하는 태도다. 사람의 개념인 이성적 생물, 언어의 사용자로부터 이끌어지는 '다른 사람들도 나와 동등하므로 그들을 나와 동등하게 고려해야 한다'를 도덕원리로 주장하는 태도다. 이는 곧 다른 사람의 이익을 내가 나의 이익을 고려하듯이 고려해야 한다는 주장이다(물론, 여기서 '이익'이란 물질적인 것과 정신적인 것을 함께 일컫는 말이다). 그러나 이것이 단순한 주장이어서는 안 된다. 그것이 도덕원리로서 주장될 수 있으려면, 도덕사태에서 도덕적 결정을 할 때 '다른 사람의 이익을 나의 이익과 동등하게 고려하기'를 도덕원리로서 우선적이고 규정적이며 보편적으로 주장해야 한다. 여기서 우선적 주장이란 도덕원리를 주장할 때 여러 가지 원리들이 대립·갈등을 하게 되면, 그들 가운데서 '다른 사람의 이익 고려하기' 원리를 다른 원리들에 우선하여 주장해야 한다는 뜻이다. 규정적 주장이란 이 원리를 자기 자신에게 지시·명령하는 주장을 해야 한다는 뜻이다. 그리하여 그 규정에 자신이 헌신, 전념해야 한다는 뜻이다. 보편적 주장이란 자신에게 규정한 이 원리를 자신뿐 아니라 비슷한 사태에 있는 사람이라면 누구에게도 규정해야 한다는 뜻이다.

이 요소는 한 사람이 도덕사태에 직면했을 때, 그가 실제로 '타인의 이익고려'에 따라 결정하는가는 배제한다. 단지 그가 타인의

이익고려를 도덕원리로 인지적, 이론적 차원에서 주장하고 있는 가의 태도일 뿐이다.[24]

나. 평가기준

이러한 '사람의 개념을 도덕원리로 주장하기'로부터 이 요소의 평가기준을 다음과 같이 이끌어 내었다:

(0) 사람의 개념을 도덕원리로 주장한다.
(1) 사람의 개념을 우선적인 도덕원리로 주장한다.
(2) 사람의 개념을 규정적인 도덕원리로 주장한다.
(3) 사람의 개념을 보편적인 도덕원리로 주장한다.

3. 사람의 개념을 '사람 지향적 차원'에서 도덕원리로 지지하는 정서 감정을 가지기(PHIL-RSF-PO)

가. 개념

한 사람이 다른 사람에게 아무리 다정다감하고 많은 인정을 베푼다 하더라도, 만약에 그것이 '다른 사람의 이익 고려하기' 원리

---

[24] 실제사태에서 '타인의 이익 고려'의 원리에 따라 결정하는가의 요소는 별도로 KRAT-1-OPU가 있다.

를 지지하는 정서감정에 따른 것이 아니라면, 우리는 그를 사람의 개념을 도덕원리로 지지하는 정서감정을 가지고 있다고 말할 수 없다. 여기서 정서감정은 다른 사람의 권리, 이익, 욕구 등에 관한 것이다. 이러한 정서감정은 그가 보여 주는 신념, 징후, 행동 등을 통해 나타난다.

사람의 개념을 도덕원리로 지지하는 정서감정을 가지기에는 '다른 사람의 이익 고려하기' 원리를 '사람 지향적 차원에서 지지하는 정서감정을 가지기'와 '의무 지향적 차원에서 지지하는 정서감정을 가지기'의 두 가지가 있다. 양자의 차이는 지지하는 정서감정의 정도에 있는 것이 아니라 종류에 있다. 어떤 사람이 그의 가족이나 특정인(즉 아는 사람이나 어떤 관계를 맺고 있는 사람)에게 관심을 가지고 그들을 돌보는 정서감정을 가질 때, 그는 '다른 사람의 이익 고려하기' 원리를 '사람 지향적'으로 지지하는 정서감정을 가진 사람이라고 말할 수 있다.

이러한 사람은 그의 도덕원리를 다른 사람의 고통, 슬픔 등과 관련해서 준수하는 감정을 가지고 있는 사람이다. 그러므로 다른 사람의 이익 고려가 다른 사람에 대한 호의, 사랑, 동정심, 동일시 등의 행위에서 나타난다. 이러한 사람은 다른 사람에게 '잘해 주는' 데서, 다른 사람이 즐거워하거나 행복해 하는 데서, 다른 사람의 안에서 자신의 즐거움이나 행복을 찾는 사람이다.

나. 평가기준

이러한 '사람의 개념을 사람 지향적 차원에서 도덕원리로 지지하는 정서감정을 가지기'로부터 이 요소의 평가기준을 다음과 같이 이끌어 내었다:

(0) 사람의 개념을 '사람 지향적' 차원에서 도덕원리로 지지하는 감정을 가진다.
(1) 나는 다른 사람의 이익이 고려되었을 때 기쁘거나 즐겁다.
(2) 나는 다른 사람의 이익이 고려되지 않았을 때 유감스럽다.
(3) 나는, 다른 사람이 그의 이익이 고려되지 않아 낙심하며 괴로워 할 때 동정심을 느낀다.

4. 사람의 개념을 '의무 지향적' 차원에서 도덕원리로 지지하는 정서감정을 가지기(PHIL-RSF-DO)

가. 개념

어떤 사람이 그의 가족이나 특정인뿐 아니라 멀리 다른 지역이나 다른 나라 사람들의 생계 및 식량 확보에도 관심을 가지고 그들을 돌보는 감정을 가질 때, 그는 다른 사람의 이익 고려 원리를 '의무 지향적'으로 지지하는 정서감정을 가진 사람이라고 말할 수 있다. 여기서 '의무 지향적'이란 '다른 사람의 이익 고려하기' 원리를 의무적인 것으로 생각하여 그것을 지지하는 정서감정을 가지는 것을 의미한다. 예를 들면 '사람 지향적' 정서감정은 사람들이 굶주림에 처해 있을 때 자기 가족의 생계 및 식량 확보에만 관심을 가지고 돌보는 정서감정인데 비해, '의무 지향적' 정서감정은 자기 가족뿐 아니라 지진 등으로 인해 재해를 입은 다른 나라 사람들에게도 관심을 가지고 돌보는 정서감정이다.

의무 지향적인 사람은 의무의 수행을 도덕적인 것으로 보고 '다른 사람의 이익 고려하기' 규칙을 '규칙으로서' 지지하는 정서감정을 가지는 사람이다. 이러한 사람은 규칙을 준수하지 않았을 때 후회, 죄의식, 양심의 가책 등을 느낀다; 반면에 그것을 준수했을 때는 기쁨, 자아만족감, 자부심 등을 느낀다; 다른 사람이 규칙을 지키지 않았을 때는 '그래서는 안 된다'고 비난하는 정서감정을 느낀다. 이러한 정서감정은 그의 신념, 징후, 행동 등을 통해 나타난다.

나. 평가기준

이러한 '사람의 개념을 의무 지향적 차원에서 지지하는 정서감정을 가지기'로부터 이 요소의 평가기준을 다음과 같이 이끌어 내었다:

(0) 사람의 개념을 '의무 지향적' 차원에서 도덕원리로 지지하는 감정을 가진다.

(1) 나는 '다른 사람의 이익 고려하기'를 도덕원리로서 준수할 때 만족감이나 기쁨을 느낀다.
(2) 나는 '다른 사람의 이익 고려하기'를 도덕원리로서 준수하지 못할 때 후회나 죄의식 또는 양심의 가책을 느낀다.
(3) 나는 '다른 사람의 이익 고려하기'를 도덕원리로서 준수하지 않은 사람을 볼 때 비난하는 감정이 생긴다.

제2범주 사람들의 정서감정을 인지하기(EMP)

이 범주는 전체적으로 볼 때 하나의 능력이다. 정서감정의 개념을 이해하여 나와 다른 사람이 느끼고 있는 정서감정이 '무엇인가를 알 수 있는가'의 요소다. 다른 사람의 정서감정을 '어떻게 알 수 있는가' 또는 다른 사람이 느끼고 있는 정서·감정을 '내가 실제로 느낄 수 있는가'의 문제는 이 범주에 포함되지 않는다. 정서감정 인지하기는 현재의 것뿐 아니라 과거와 미래의 것까지도 포함한다; 또한 인지한 것을 정확하게 서술하는 능력도 포함한다. 이 범주의 요소는 '정서감정의 개념을 가지기'와 '나의 정서감정을 인지하기', 그리고 '다른 사람의 정서감정을 인지하기'의 세 가지 하위 요소로 구성된다.[25]

---

25 윌슨이 본래 제시한 EMP의 하위 요소는 모두 5가지다. 그러나 나는 여기서 '나의 정서감정 인지하기(EMP-1)'와 '다른 사람의 정서감정 인지하기(EMP-2)'에서 각각 '의식적

5. 정서감정의 개념을 알기(EMP-HC)

가. 개념

후회, 동정심, 자부심, 질투, 두려움, 분노, 증오 등과 같은 정서는 이와 유사한 정신현상인 기분, 행복, 우울함, 욕망 등과 같은 감정과 다르다. 정서에는 인지적 요소인 신념, 목표 또는 대상이 있는 데 비해 감정에는 이러한 것들이 없다.

정서의 개념은 (~은 위험하다는) 신념, (손과 발 또는 몸을 떨거나 얼굴이 창백해지는 등, 비자발적이거나 준 자발적인) 징후, (눈길을 피하거나 달아나는 등 의도적인) 행동으로 구성된다. '정서의 개념을 안다'는 것은 어떤 현상을 이 세 가지 요소로 분류할 수 있다는 것을 의미한다. 즉 어떤 정서의 특징을 신념, 징후, 행동과 관련해서 설명할 수 있다는 것을 의미한다.

아마도 대부분의 사람들은 두려움, 희망, 분노, 불행, 즐거움 등과 같은 기본적인 정서와 감정의 개념을 알고 있을 것이다. 그러나 일부의 사람들은 보다 복잡하고 미묘한 신념·내재적인 후회, 동정심, 자부심 등과 같은 정서의 개념은 모르고 있을 수도 있다.

정서감정 인지하기'와 '무의식적 정서감정 인지하기'를 구별하지 않고 함께 다루었다.

나. 평가기준

이러한 '정서감정의 개념을 알기'로부터 이 요소의 평가기준을 다음과 같이 이끌어 내었다:

(0) 정서란 무엇인가의 개념을 이해한다.
(1) 정서에는 신념이 들어있다.
(2) 정서는 징후를 보인다.
(3) 정서는 행동으로 나타난다.

6. 나의 정서감정을 인지하기(EMP-1)

가. 개념

'정서감정을 인지하기'는, 나의 것이든 다른 사람의 것이든, 능력의 문제다. 아마도 대부분의 사람들은 '자신의 정서감정을 모르는 사람이 어디에 있겠는가' 또는 '자신의 정서감정은 관찰을 하지 않아도 즉시에 알 수 있다'고 생각할는지 모른다. 그러나 반드시 그런 것은 아니다. 어쩌면 자신의 정서감정을 인지하기가 다른 사람의 것을 인지하기보다 더 어려울 수도 있다. 예를 들면 우리가 화를 내고 있는 사람에게 '화내지 마세요'라고 말할 때, 그가 '나는 화내지 않았어요'라고 소리치는 것을 간혹 듣는 경우가 있다.

그러나 그 때 우리는 즉시에 그의 얼굴에 나타나는 표정과 색깔이 달라졌거나, 그가 주먹을 꽉 움켜쥐고 있거나, 또는 손발을 떨고 있는 것을 발견하는 경우가 있다. '나의 정서감정 인지하기'는 나의 신념, 징후, 행동, '주위환경' 등을 내가 알아차림으로써 이루어진다.

나. 평가기준

이러한 '나의 정서감정을 인지하기'로부터 이 요소의 평가기준을 다음과 같이 이끌어 내었다:

(0) 내가 가지고 있는 정서감정을 인지할 수 있다.
(1) 내가 가지고 있는 신념을 통해 나의 정서감정을 인지한다.
(2) 내가 보이는 징후를 통해 나의 정서감정을 인지한다.
(3) 내가 하는 행동을 통해 나의 정서감정을 인지한다.
(4) 내가 처해 있는 주위환경을 통해 나의 정서감정을 인지한다.

7. 다른 사람의 정서감정을 인지하기(EMP-2)

가. 개념

다른 사람의 정서감정을 인지하기는 다른 사람이 보여 주는 신념, 징후, 행동, 그리고 '주위 환경'을 알아차린다거나 또는 이들을 상호 관련시킴으로써 이루어진다. 우리는 다른 사람이 무엇을 믿고 있는가(즉 신념)를 추론한다든가, 다른 사람의 얼굴 표정을 보거나 몸짓, 행동, 또는 그를 둘러싸고 있는 주위환경을 관찰한다든가 등을 통해서 다른 사람의 정서감정을 인지할 수 있다.

이 요소는 내가 다른 사람이 느끼고 있는 정서·감정이 무엇인가를 알 수 있는가의 문제다. 그가 느끼고 있는 정서감정을 내가 실제로 느낄 수 있는가의 문제는 아니다. 물론 내가 다른 사람이 느끼고 있는 정서감정을 실제로 느낄 수 있다면, 이는 다른 사람이 느끼는 정서감정이 무엇인가를 단지 인지하고 말할 수 있는 것보다 훨씬 더 좋을 것이다. 그러나 정서감정을 인지하기의 본질은 나 또는 다른 사람이 느끼고 있는 정서감정이 무엇인가를 인지하여 정확하게 서술할 수 있느냐의 문제에 한정된다.

나. 평가기준

이러한 '다른 사람의 정서감정을 인지하기'로부터 이 요소의 평가기준을 다음과 같이 이끌어 내었다:

(0) 다른 사람이 가지고 있는 정서감정이 무엇인가를 인지할 수 있다.
(1) 다른 사람이 가지고 있는 신념을 통해 그의 정서감정을 인지한다.

(2) 다른 사람이 보여 주는 징후를 통해 그의 정서감정을 인지한다.
(3) 다른 사람이 하는 행동을 통해 그의 정서감정을 인지한다.
(4) 다른 사람이 처해 있는 주위환경을 통해 그의 정서감정을 인지한다.

제3범주 사실적 지식과 사회적 기술 습득하기(GIG)

이 범주는 일종의 능통성(能通性)으로서 '사실적 지식(GIG-1)'과 '사회적 기술(GIG-2)'로 구성된다. 사실적 지식은 '사실적 지식 알기(GIG-1-KF)'와 '사실적 지식의 정보원천(情報源泉)을 알기(GIG-1-KS)'로 구성된다. 그리고 사회적 기술은 '언어적인 사회적 기술 습득하기(GIG-2-VC)'와 '비언어적인 사회적 기술 습득하기(GIG-2-NVC)'로 구성된다.

8. '엄연한' 사실에 관해 알기(GIG-1-KF)

가. 개념

이 요소는 도덕적 사태에 관련된 엄연한 사실에 관해 '아는가'의 지식의 문제다. 그러한 지식을 알고 있어야만 행동이 어떤 결과를 가져올 것인가에 대한 합리적인 아이디어를 가질 수 있다. 또한 옳은 도덕적 결정도 할 수 있다. '엄연한' 사실에 관한 지식에는 다음과 같은 세 가지 범주가 있다:

① 건강, 안전 등에 관한 '엄연한' 사실(예: 기초생물학, 응급처치, 특정한 기계의 위험, 담배 또는 마약의 중독성, 피임법과 성병 등).
② 법률, 사회적 기준, 관습 등에 관한 '엄연한' 사실(예: 형법 및 민법, 교통규칙, 학교규칙, 사회적 기대, 의상 또는 사생활의 관습 등).
③ 어려움에 처해 있는 개인이나 집단에 관한 '엄연한' 사실(예: '왕따' 당하고 있는 사람, 노인, 다른 나라에서 굶주리고 있는 사람 등).

나. 평가기준

이러한 '엄연한 사실에 관해 알기'로부터 이 요소의 평가기준을 다음과 같이 이끌어 내었다:

(0) 사회적으로 '엄연한' 사실에 관한 지식을 습득한다.
(1) 건강, 안전 등에 관한 '엄연한' 사실을 안다.
(2) 법률, 사회적 기준, 관습 등에 관한 '엄연한' 사실을 안다.
(3) 어려움에 처해 있는 사람들(개인 또는 집단)이 존재한다는 '엄연한' 사실을 안다.

9. '엄연한' 사실의 정보원천(情報源泉)에 관해 알기(GIG-1-KS)

가. 개념

이 요소는 도덕적 문제사태에서 그것에 관련된 '엄연한' 사실에 관한 정보원천을 어디에서 또는 누구로부터 찾을 수 있는가를 아는가의 문제다. 우리는 의학에 관해 잘 모를 수 있다. 그러나 병이 났을 때 의사에게 가느냐, 마법사에게 가느냐는 의학의 지식이 없는 것과는 다른 일이다. 수학의 문제를 수학자에게 묻느냐, 농부에게 묻느냐는 다른 일이다. 우리는 어떤 지식은 그 정보원천을 의학에서, 수학에서 찾을 수 있다는 것을 알 수 있어야 한다. 각각의 영역에는 전문적 지식과 전문적 의견이 있다. 우리는 엄연한 사실로서의 지식을 알 수 있어야 할 뿐 아니라 그러한 지식을 찾는 방법도 알 수 있어야 한다.

나. 평가기준

이러한 '엄연한 사실의 정보원천에 관해 알기'로부터 이 요소의 평가기준을 다음과 같이 이끌어 내었다:

(0) 사회적으로 '엄연한' 사실의 정보원천에 관한 지식을 습득한다.
(1) 건강, 안전 등에 관한 '엄연한' 사실의 정보원천을 안다.

(2) 법률, 사회적 기준(규범), 관습 등에 관한 '엄연한' 사실의 정보원천을 안다.

(3) 어려움에 처해 있는 개인이나 집단의 존재에 관한 '엄연한' 사실의 정보원천을 안다.

10. 언어적인 사회적 기술을 습득하기(GIG-2-VC)

가. 개념

사회적 기술은 주로 의사소통과 관련된다. 의사소통에는 언어적인 것과 비언어적인 것이 있다. 언어적 의사소통은 대인관계에서 적절하게 말하는가, 즉 적절한 용어를 사용하는가의 문제다. 사회적 기술은 사회적 행위와 사회적 맥락에서 요구된다. 사회적 행위 기술은 환영하기, 지시하기, 사과하기, 격려하기, 감사하기, 비판하기 등에서 요구된다. 사회적 맥락 기술은 파티에서 친구 또는 낯선 사람을 만나기, 면담하기 또는 면담을 받기, 토의하기 등에서 요구된다. 그러나 이 두 목록은 서로 간에 중복될 수도 있고 통합될 수도 있다.

나. 평가기준

이러한 '언어적인 사회적 기술을 습득하기'로부터 이 요소의 평

가기준을 다음과 같이 이끌어 내었다:

(0) 언어적 의사소통에 관한 사회적 기술을 습득한다.
(1) 언어로 의사소통을 할 때 적절한 용어를 사용한다.
(2) 언어로 의사소통을 할 때 정확하고 명료하게 말한다.

11. 비언어적인 사회적 기술을 습득하기(GIG-2-NVC)

가. 개념

비언어적 의사소통 기술은 크게 두 가지로 나누어 볼 수 있다. 하나는 이른바 '음성적' 기술로서, 예를 들면 말할 때의 억양, 목소리의 크기 및 색조, 말하는 속도 등과 관련된 기술이다. 다른 하나는 이른바 '표정적' 기술로서, 예를 들면 말할 때의 얼굴 표정, 말하는 사람과의 적절한 거리 유지, 눈 맞춤, 몸동작, 몸의 자세 및 방향 등과 관련된 기술이다. 다시 말하면, 이 요소는 대인관계에서 의사소통을 할 때 적절한 자세, 태도 등을 가지고 적절한 억양 및 색조의 목소리로 말하는지에 관한 기술이다. 적절한 때에 미소를 짓고 등을 할 수 있는지에 관한 기술 및 능력에 관한 것이다.

언어적, 비언어적인 '사회적 기술'은 모방 또는 연습에 의해 습득될 수 있는 종류의 것으로 임기응변할 수 있는 재치, 재간, 재능, 솜씨, 또는 일종의 습관이라고까지 말할 수 있다. 이 요소는 판단(결정)을 행동으로 옮기는 과정에서 요구되는 것이다. 그러므로 그 시행에서 정서감정의 인지, 사실적 지식 등의 요소와 밀접하게 관련되어 있다.

나. 평가기준

이러한 '비언어적인 사회적 기술을 습득하기'로부터 이 요소의 평가기준을 다음과 같이 이끌어 내었다:

(0) 비언어적인 의사소통에 관한 사회적 기술을 습득한다.
(1) 의사소통을 할 때 (말의 억양, 색조, 속도 등) 적절한 '음성'으로 말한다.
(2) 의사소통을 할 때 (얼굴 표정, 눈 맞춤, 몸동작, 거리 유지 등) 적절한 '표정'으로 말한다.

제4범주 도덕문제를 인지, 사고, 판단하여 행동하기(KRAT)

이 범주의 요소는 앞서 살펴본 세 가지 범주의 요소들에 비해 동적(動的)으로 작용하는 요소다; 왜냐하면 이 요소는 우리가 생활 속에서 문제사태를 만났을 때 '다른 사람을 나와 동등하게 고려하기(PHIL)', '사람들의 정서·감정을 인지하기(EMP)', '사실적 지식 및 사회적 기술(GIG)'을 사용하여 그것이 도덕적 문제사태인가를 인지하는 것에서부터 도덕적 사고를 거쳐 결정하고 행동하기에 이르기까지 도덕적 문제해결의 과정에서 요구되는 요소이기 때문이다. 이 범주는 '도덕사태의 인지(KRAT-1-RA)', '도덕적 사고(KRAT-1-TT)', '도덕적 결정(KRAT-1-OPU)', '도덕행동(KRAT-2)'으로 구성된다.

12. 도덕적 문제인가를 타당하게 인식하기(KRAT-1-RA)

가. 개념

'도덕적 문제사태란 다른 사람(들)의 이익이 문제가 되고 있는' 사태다; 다른 사람(들)의 이익이 '문제가 되고 있다'는 것은 다른 사람(들)과 이해관계가 발생했다는 뜻이다. 이해관계의 발생이란 다른 사람(들)과 권리, 욕구 등이 대립 또는 갈등하고 있는 사태다. 도덕적 사태란 이러한 사태에서 다른 사람의 이익을 고려해야 하는 사태다. 그러므로 '도덕적 문제사태인가를 타당하게 인지하기' 위해서는 그가 가지고 있는 '다른 사람의 이익을 고려하기' 요소가 발휘되어야 한다.

도덕적 문제사태인가를 '타당하게 인지한다'는 것은 그 사태가 다른 사람과 이해관계가 발생한 사태라는 것을 단순히 아는 것에 그치지 않고 '옳게' 또는 '타당하게' 서술할 수 있어야 하는 것도 포함한다. 예를 들면 어떤 사람이 매를 맞고 있을 때, 그것을 보고 있는 사람이 '참 재미있구나!'라고 말할 수 있다. 그리고 그것이 그가 실제로 그렇게 느끼고 있는 것인 한, 그것은 그 사태에 대해 그가 보고 있는 정확한 서술일 것이다. 그러나 우리는 그것을 '옳은' 또는 '타당한' 서술이라고 말할 수 없을 것이다. 아마도 우리는 그가 그 사태를 '매를 맞고 있는 사람은 지금 고통스러워하고 있으며 도움을 필요로 할 것이다'라고 보아 주기를 바랄 것이다.

나. 평가기준

이러한 '도덕적 문제인가를 타당하게 인식하기'로부터 이 요소의 평가기준을 다음과 같이 이끌어 내었다:

(0) 어떤 문제사태가 도덕적 문제사태인지 아닌지를 타당하게 알아차릴 수 있다.
(1) 도덕적 문제사태란 대인관계에서 이해관계가 발생한 사태다.
(2) 도덕적 문제사태란 다른 사람의 이익을 나의 것과 동등하게 고려해야 하는 사태다.
(3) 도덕적 문제사태에 대한 타당한 인식은 사태에 대한 타당한 서술을 포함한다.

13. 도덕적 문제에 대해 철저하게 사고하기(KRAT-1-TT)

가. 개념

　도덕적 판단 또는 결정은 철저한 도덕적 사고를 거쳐 이루어져야 한다. 도덕적 문제사태에 대해 철저하게 사고한다는 것은 '다른 사람을 나와 동등하게 고려하기' 요소를 도덕원리로 하여 '사람들의 정서감정을 인지하기'와 '사실적 지식 및 사회적 기술' 요소를 충분히 사용하여 사고한다는 뜻이다. 다음과 같이 묻고 답하는 과정은 철저하게 사고하는 방법의 예가 될 수 있다:

① 어떻게 하는 것이 다른 사람의 이익을 고려하는 것인가(PHIL)?
② 사태에 관련된 이 사람은 실제로 무엇을 느끼고 있는가(EMP-2)?
③ 내가 지금 느끼고 있는 것은 정말로 그를 도와주고 싶어하는 마음인가, 아니면 다른 어떤 마음인가(EMP-1)?
④ 내가 그를 효과적으로 도울 수 있기 위해서는 어떤 사실들을 알아야 하는가(GIG-1-KF)? 또는 어떤 사실들을 찾아야 하는가(GIG-1-KS)?

나. 평가기준

　이러한 '도덕적 문제에 대해 철저하게 사고하기'로부터 이 요소의 평가문항을 다음과 같이 이끌어 내었다:

(0) 도덕적 문제에 대해 철저하게 사고할 수 있다.

(1) 어떻게 하는 것이 나와 다른 사람의 이익을 동등하게 고려하는 것인가에 대해 생각한다(PHIL).

(2) 나와 다른 사람이 가지고 있는 정서감정이 무엇인가를 생각해 본다(EMP).

(3) 문제에 관련된 사실에 관한 '엄연한' 지식과 사실의 정보원천(情報源泉)을 찾는 방법에 대해 생각해 본다(GIG).

14. 도덕적 문제를 정당하게 판단(결정)하기(KRAT-1-OPU)

가. 개념

도덕적 문제사태에서 도덕적 행동을 하기 위해서는 도덕적 판단 또는 결정이 선행되어야 한다. 그러나 도덕적 판단(결정)이 이루어졌다 하더라도 그것이 반드시 행동으로 옮겨지는 것은 아니다. 그것이 행동으로 옮겨지기 위해서는 판단이 보다 책임 있게 이루어져야 한다. 책임 있는 판단은 보다 행동을 보장할 수 있다. 책임 있는 도덕적 판단(결정)이 이루어지기 위해서는 다음의 세 가지 준거가 충족되어야 한다:

① 도덕적 판단(결정)은 '다른 사람의 이익을 나의 것과 동등하게 고려하기' 요소를 원리로 하여야 하되, 이 원리가 다른 원리

들(예: '자신의 이익 고려하기')과 대립 또는 갈등할 때, 그러한 것에 우선하여 이루어져야 한다.

② 도덕적 판단(결정)은 규정적으로 이루어져야 한다. 규정적 판단는 '나는 이것을 해야 한다'는 식으로 자신이 자신에게 하는 명령이다. 우리는 판단이 규정적이지 않을 때 '해야 할 것'을 다른 사람에게 미루고 싶은 마음이 생길 수 있다.

③ 도덕적 판단(결정)은 보편화 가능해야 한다. '이와 비슷한 사태에서는 나뿐만이 아니라 다른 모든 사람들도 마땅히 그렇게 해야 한다'는 판단이 되어야 한다. 보편적 판단이 아닐 경우 '다른 사람은 하지 않는 데 왜 나만 해야 하는가'라는 마음이 생길 수 있다. 도덕적 원리와 도덕적 판단은 자기 자신만을 위한 것이어서는 안 된다.

나. 평가기준

이러한 '도덕적 문제를 정당하게 판단하기'로부터 이 요소의 평가기준을 다음과 같이 이끌어 내었다:

(0) 도덕적 문제를 정당하게 판단(결정)할 수 있다.
(1) 사람의 개념을 우선적 도덕원리로 하여 도덕적 판단(결정)을 한다.
(2) 규정적인 도덕적 판단(결정)을 한다.
(3) 보편화 가능한 도덕적 판단(결정)을 한다.

15. 도덕적 문제를 판단(결정)대로 행동하기(KRAT-2)

가. 개념

어떤 사람이 지금까지 살펴본 도덕성의 요소들을 갖추고 있다면, 그는 도덕사태에서 다른 사람의 이익을 고려하는 결정을 하여 행동을 할 수 있을 것이다. 그러나 아직도 그는 그렇게 하지 못할지 모른다. 그가 진지하고 참된 결정은 했지만 그것을 행동으로 옮기지 못하는 경우는 논리적으로도 경험적으로도 가능하다. 그에게는 그가 결정과정에서 준수한 '다른 사람의 이익 고려하기' 원리가 아닌 다른 원리를 자신도 모르게, 즉 무의식적으로 따르는 신념이나 정서가 작용할 수 있기 때문이다. 무의식적 신념이나 정서는 다음과 같은 경우에 작용할 수 있다:

① 행동의 결과에 대해 두려움이나 무서움을 느낄 경우
② 지나친 불안이나 삶의 싫증 또는 권태로움을 느낄 경우
③ 결정한 것을 잊어버리거나 게을러서일 경우
④ 화가 났을 경우

이와 같은 경우에 도덕적 판단을 행동으로 옮기지 못하는 것은 그가 그것을 '할 수 없어서가 아니라 하기를 원하지 않아서'이다.
'결정(판단)대로 행동하기'는 '정당하게 결정하기' 요소가 작용하여 이루어진 도덕적 결정을 행동으로 옮기는 '동기적' 기능을 하는

요소다; 즉 어떤 무의식적 역 동기(逆動機)나 역 논리(逆論理)가 작용하여 이미 이루어진 도덕적 결정을 행동으로 옮기는 것을 방해하려는 정서감정이 작용할 때에도 그것을 극복하여 결정대로 행동해야 한다는 '도덕적 동기'가 작용하는 요소다.

나. 평가기준

이러한 '도덕적 문제를 판단대로 행동하기'로부터 이 요소의 평가기준을 다음과 같이 이끌어 내었다:

(0) 도덕적 문제를 판단(결정)대로 행동할 수 있다.
(1) 도덕적 판단(결정)을 행동으로 옮기는 데 방해하는 어떤 유혹이 있어도 결정대로 행동한다.
(2) 두려움이나 불안 또는 무서움을 느낄 때에도 판단(결정)대로 행동한다.
(3) 성가시고 귀찮고 화가 나거나 기분이 나쁠 때에도 판단(결정)대로 행동한다.

제3장

'도덕성 진단 검사'의 제작

이 장에서는 앞 장에서 살펴본 윌슨의 (1) '도덕성 4범주 15요소'와 학생들이 이러한 요소들을 얼마만큼이나 함양하고 있는가를 평가하는 데 척도로 삼기 위해 수립한 (2) '도덕성 요소 평가기준'에 기초하여 '도덕성 진단 검사' 문항을 제작하였다.

제1범주 다른 사람을 나와 동등하게 고려하기(PHIL)

1. 사람의 개념을 알기(PHIL-HC)

가. 문항의 제작

※ 다음(1-3)은 사람과 다른 동물들을 비교한 말이다. 당신이 '맞다'고 알고 있는 것에 ○표를 하시오.

(1)
① 사람과 동물은 모두 언어를 사용하는 존재다.
② 사람은 언어를 사용하는 존재이지만 동물은 아니다.
③ 동물은 언어를 사용하는 존재이지만 사람은 아니다.

(2)
① 사람과 동물은 모두 이성적(理性的) 존재다.
② 사람은 이성적 존재이지만 동물은 아니다.
③ 동물은 이성적 존재이지만 사람은 아니다.

(3)
① 정서감정은 사람에게는 있으나 동물에게는 없다.
② 정서감정은 사람에게도 있고 동물에게도 있다. 그리고 그것의 수준(차원)도 같다.
③ 정서감정은 사람에게도 있고 동물에게도 있다. 그러나 그것의 수준(차원)은 다르다.

나. 문항과 평가기준의 관계

이들 문항은 앞 장에서 수립한 '사람이란 무엇인가'의 개념을 이해하기(PHIL-HC)'의 평가기준[26]에 기초하여 제작되었다. (1)은 '사람은 언어를 사용하는 생물이다'를 알고 있는가를 평가하기 위한 문항이다. (2)는 '사람은 이성적 생물(rational animate creatures)이다'를 이해하고 있는가를 평가하기 위한 문항이다. 그리고 (3)은 '사람은 다른 생물들과는 다른 차원에서 나름대로의 자기 의지, 의도, 정서, 감정, 의식, 욕구, 욕망, 바람, 목적 등을 가지고 있는 존재다'를 이해하고 있는가를 평가하기 위한 문항이다.

2. 사람의 개념을 도덕원리로 주장하기(PHIL-CC)

가. 문항의 제작

※ 다음을 읽고 아래의 물음(4-6)에 답하시오.

> 영순이는 성적에 관심이 많고 항상 1등을 해야 한다고 생각하는 학생이다. 그리고 실제로 지난 2년여 동안 쭉 1등을 해 왔다. 그러나 지난 학기에는 1등을 놓쳤다. 늘 2등을 하던 봉달이가 1등을 했다. 지금은 미술 시험 시간이다. 한편 봉달이는 준비물을 챙겨 가지고 온 줄 알았는데 아무리 찾아보아도 없다. 그러나 영순이는 준비물을 넉넉하게 가지고 있다. 이를 아신 선생님은 영순이에게 준비물을 봉달이와 나누어 사용하면 좋겠다고 말씀하셨

---

26 평가기준은 제2장 또는 부록 1을 참조하기 바람.

다. 하지만 영순이는 그렇게 하면 이번에도 봉달이가 1등을 하게 될지 모른다는 생각이 들었다. 영순이는 어떻게 해야 할까 망설여진다.

당신이 영순이라고 하자.

(4) 이 경우 당신은 어떻게 해야 한다고 생각하는가?
   ① 나의 입장(이익)을 고려해야 한다고 생각한다.
   ② 내가 나의 입장(이익)을 고려하듯 봉달이의 입장(이익)을 고려해야 한다고 생각한다.
   ③ 나중에 봉달이도 나의 입장(이익)을 고려해 준다면, 봉달이의 입장(이익)을 고려해야 한다고 생각한다.

(5) 당신의 그러한 생각은 누가 그렇게 해야 한다는 것인가? 당신의 생각에 해당되지 않는 것은?
   ① 내가 그렇게 해야 한다는 것이다.
   ② 나뿐 아니라 나와 비슷한 상황에 있는 사람이라면, 누구나 다 그렇게 해야 한다는 것이다.
   ③ 내가 그렇게 해야 한다는 생각이지만, 나와 비슷한 상황에 있는 사람이라고 해서 누구나 다 그렇게 해야 한다는 것은 아니다.

(6) 당신이 (4)번에서 택한 것은, 그것이 어느 것이든, 일종의 도덕원리에

대한 주장이다. 당신은, 당신이 택한 도덕원리가 다른 어떤 것보다도 우선되는 도덕원리라고 생각하는가?

① 그렇다.
② 아니다.
③ 잘 모르겠다.

나. 문항과 평가기준의 관계

이들 문항에서 (4)는 '사람의 개념을 도덕원리로 주장한다(PHIL-CC)'를 평가하기 위한 문항이다. (5)는 '사람의 개념을 규정적이고 보편적인 도덕원리로 주장한다'를 평가하기 위한 문항이다. 그리고 (6)은 '사람의 개념을 우선적인 도덕원리로 주장한다'를 평가하기 위한 문항이다.

3. 사람의 개념을 사람 '지향적 차원'에서 도덕원리로 지지하는 정서 감정을 가지기(PHIL-RSF-PO)

가. 문항의 제작

(7) 다음을 읽고 물음에 답하시오.

어떤 일과 관련해서 당신과 갑수 사이에 이해관계(利害關係)가 발생했다. 처음에 당신은 갑수야 어떻게 되든 당신의 이익만 고려하려 했다. 그러나 갑자기 '갑수가 나라면 그는 어떻게 할까. 그가 나의 이익은 고려하지 않고 자신의 이익만 고려한다면…' 하는 생각이 들었다. 결국 당신은 당신의 이익과 갑수의 이익을 공평하게 처리했다. 갑수는 나중에 이를 알게 되었고, 당신에 의해서 그의 이익이 고려된 것에 대해 좋아할 뿐 아니라 고마워하고 있다.

갑수가 그의 이익이 고려되어 좋아하는 모습에 대해, 당신이 느끼고 있는 정서감정은 무엇일까?

① 나의 이익을 더 고려하지 못해 아쉽다.
② 그가 좋아하는 걸 보니 나도 기분이 좋다.
③ 괜히 그의 이익을 고려해 줬다는 생각이 든다.

(8) 다음을 읽고 물음에 답하시오.

어떤 일과 관련해서 A와 B 사이에 이해관계가 발생했다. 이 상황에서 A의 이익은 고려되었으나 B의 이익은 고려되지 못했다. B는 그의 이익이 고려되지 않은데 대해 불만스러워하고 있다.

B가 그의 이익이 고려되지 않아 불만스러워하는 데 대해, 당신이 느끼고 있는 정서감정은 무엇일까?

① 나와 상관없는 문제이므로 아무렇지도 않다.
② B의 이익이 고려되지 않은 것이 유감스럽다.
③ B에게 동정하고 싶은 마음이 생긴다.

(9) 다음을 읽고 물음에 답하시오.

> 어떤 일과 관련해서 C와 D 사이에 이해관계가 발생했다. 이 상황에서 일이 잘못되어 D의 이익이 고려되지 못했다. D는 그의 이익이 고려되지 않은 점에 대해 낙심하며 괴로워하고 있다.

D가 그의 이익이 고려되지 않아 괴로워하는 데 대해, 당신이 느끼고 있는 정서감정은 무엇일까?

① 착잡한 심정이다.
② 동정심을 느낀다.
③ 우울한 기분이다.

나. 문항과 평가기준의 관계

이상의 세 문항은 사람의 개념을 사람 지향적 차원에서 도덕원리로 지지하는 정서감정을 가지고 있는가를 평가하기 위한 문항들이다. (7)은 '나는 다른 사람의 이익이 고려되었을 때 기쁘거나 즐겁다'를 평가하기 위한 문항이다. (8)은 '나는 다른 사람의 이익이 고려되지 않았을 때 유감스럽다'를 평가하기 위한 문항이다. 그리고 (9)는 '나는, 다른 사람이 그의 이익이 고려되지 않아 낙심하며 괴로워할 때 동정심을 느낀다'를 평가하기 위한 문항이다.

4. 사람의 개념을 '의무 지향적' 차원에서 도덕원리로 지지하는 정서 감정을 가지기(PHIL-RSF-DO)

가. 문항의 제작

※ 다음을 읽고 아래의 물음(10-11)에 답하시오.

> 당신은 평소에 '사람은 누구나 평등하다'고 생각하는 사람이다. 그러므로, 비록 당신이 모르는 사람(들)이라 하더라도, '다른 사람(들)이 곤경에 처해 도움을 필요로 할 때에는 그(들)를 도와줘야 한다'는 신념을 가지고 있는 사람이다.
> 그런데 뉴스를 들으니 지금 터키에서는 지진이 발생하여 많은 사람들이 죽고 다쳐 도움을 필요로 하고 있다. 마침 우리나라에서도 자선단체가 중심이 되어 그들을 돕기 위한 구호금품을 모으고 있었다.

(10) 당신은 때맞추어 얼마간의 구호금품을 전달하였다. 그것을 전달하고 나서 당신이 느끼고 있는 정서감정은 무엇일까?

① 만족스러움

② 용돈이 줄어 아깝다는 마음

③ 손해를 본 느낌

(11) 당신은 마음은 있었으나, 바쁜 일로 기회를 놓쳐 구호금품을 전달하지 못했다. 이 경우 당신이 느끼고 있는 정서감정은 무엇일까?

① 후회스러움

② 이득을 본 느낌

③ 다행스러움

(12) 다음을 읽고 물음에 답하시오.

> 오늘 하교 길에서 생긴 일이다. 나는 길을 건너가려고 횡단보도 신호등의 적색 등이 녹색 등으로 바뀌기를 기다리고 있었다. 그런데 갑자기 어떤 사람이 나타나 뛰어 건너갔다. 그러나 나는 녹색 등이 켜질 때까지 기다렸다가 건너갔다.

그때 당신이 그 사람에 대해 느꼈던 정서감정은 무엇인가?

① '무슨 급한 일이 있는가 보다' 하며 이해하는 마음

② '저래서는 안 되는데…' 하며 비난하는 마음

③ '참 용기 있는 사람이야' 하며 부러워하는 마음

나. 문항과 평가기준의 관계

이상의 세 문항은 사람의 개념을 의무 지향적 차원에서 도덕원리로 지지하는 정서감정을 가지고 있는가를 평가하기 위해 제작된 문항들이다. (10)은 '나는 다른 사람의 이익 고려하기를 도덕원리로서 준수할 때 만족감이나 기쁨을 느낀다'를 평가하기 위한 문항이다. (11)은 '나는 다른 사람의 이익 고려하기를 도덕원리로서 준수하지 못할 때 후회나 죄의식 또는 양심의 가책을 느낀다'를 평가하기 위한 문항이다. 그리고 (12)는 '나는 다른 사람의 이익 고려하기를 도덕원리로서 준수하지 않은 사람을 볼 때 비난하는 감정이 생긴다'를 평가하기 위한 문항이다.

제2범주 **사람들의 정서감정을 인지하기**

5. 정서감정의 개념을 알기(EMP-HC)

가. 문항의 제작

※ 다음을 읽고 아래의 물음(13-15)에 답하시오.

> 철수는 키가 작아 고민도 하고 열등감도 가지고 있다. 그런데 영철이가 사람들 앞에서 철수를 보고 '난쟁이'라고 놀려댔다. 철수는 몹시 화가 났다.

(13) 화가 난 철수는 평소에 어떤 생각(신념)을 가지고 있었을까?

① 키가 작은 사람을 '난쟁이'라고 놀리는 것은 나쁘다.

② 키가 작은 것은 부끄러운 일이 아니다.

③ 훌륭한 사람 중에는 키가 작은 사람도 많이 있다.

(14) 화가 난 철수는 어떤 태도(징후)를 보였을까?

① 얼굴이 파래졌을 것이다.

② 한숨을 내쉬었을 것이다.

③ 얼굴을 붉히며 씩씩거렸을 것이다.

(15) 화가 난 철수는 어떤 행동을 했을까?

① 태연한 척 했을 것이다.

② 영철이를 쏘아봤을 것이다.

③ 울음을 터트렸을 것이다.

나. 문항과 평가기준의 관계

이상의 세 문항은 정서란 무엇인가의 개념을 이해하고 있는가를 평가하기 위한 문항들이다. (13)은 '정서에는 신념이 들어있다'를 평가하기 위한 문항이다. (14)는 '정서는 징후를 보인다'를 평가하기 위한 문항이다. 그리고 (15)는 '정서는 행동으로 나타난다'를 평가하기 위한 문항이다.

6. 나의 정서감정을 인지하기(EMP-1)

가. 문항의 제작

(16) 다음을 읽고 물음에 답하시오.

나는 약속 시간에 늦어 급히 가다 과일을 한아름 안고 가던 사람과 그만 부딪치고 말았다. 그때 과일이 길바닥에 와르르 쏟아졌다. 주워 주고 싶었지만 너무 시간이 없어서 그냥 가 버렸다. 나중에 생각해 보니 길바닥에 흩어진 과일을 줍느라고 그 사람은 당황하기도 하고 짜증스럽기도 했을 것이다.

그때 과일을 주워 주고 가지 못한 데 대해, 지금 내가 느끼고 있는 정서감정이 아닌 것은?

① 후회
② 책임감
③ 미안함

(17) 다음을 읽고 물음에 답하시오.

청소시간이었다. 나는 청소하기가 싫어서 빗자루만 들고 빈둥빈둥 놀면서 누구랑 장난이나 쳐볼까 하는 중이었다. 그런데 옆에서 보니 은주는 열심히 청소를 하고 있었다. 아이들이 하기 싫어하는 것도 찾아서 하는 것 같았다. 얼굴에 땀방울도 맺혀 있었다. 나는 우연히 은주와 눈이 마주쳤을 때, 나도 모르게 고개를 돌렸다.

지금 내가 은주에 대해 느끼고 있는 정서감정이 아닌 것은?

① 부끄러워하는 마음
② 미안해하는 마음
③ 존경하는 마음

(18) 다음을 읽고 물음에 답하시오.

지금은 시험시간이다. 나는 우연히 친구 두 사람이 쪽지를 주고받으며 부정행위를 하는 것을 보게 되었다. 그런데 나는 내가 부

> 정행위를 하는 것도 아닌데, '저러다가 들키면 어쩌려고!' 하는 생각과 함께 몰래 선생님을 쳐다보곤 했다.

지금 내가 느끼고 있는 정서감정은 무엇일까?

① 무서움
② 불안감
③ 정의감

(19) 다음을 읽고 물음에 답하시오.

> 나는 수학을 싫어한다. 우리 반 아이들도 대부분 수학을 싫어한다. 그런데 지난 주말에 수학숙제가 있었다. 나는 숙제를 하지 않았다. 그리고 대부분 다른 아이들도 나처럼 숙제를 하지 않을 것으로 생각했다. 그러나 오늘 수업시간에 보니 숙제를 해오지 않은 사람은 우리 반에서 나뿐이었다.

지금 내가 느끼고 있는 정서감정이 아닌 것은?

① 태연함, 자부심
② 놀라움, 배신감
③ 후회, 두려움

나. 문항과 평가기준의 관계

　이상의 네 문항은 자기 자신이 가지고 있는 정서감정을 인지할 수 있는가를 평가하기 위해 제작된 문항들이다. (16)은 '내가 가지고 있는 신념을 통해 나의 정서감정을 인지한다'를 평가하기 위한 문항이다. (17)은 '내가 보이는 징후를 통해 나의 정서감정을 인지한다'를 평가하기 위한 문항이다. (18)은 '내가 하는 행동을 통해 나의 정서감정을 인지한다'를 평가하기 위한 문항이다. 그리고 (19)는 '내가 처해 있는 주위환경을 통해 나의 정서감정을 인지한다'를 평가하기 위한 문항이다.

7. 다른 사람의 정서감정을 인지하기(EMP-2)

가. 문항의 제작

(20) 다음을 읽고 물음에 답하시오.

> 　청순한 이미지로 팬들의 사랑을 받아왔던 배우 김 양은 마약복용 혐의로 검찰에 구속되었다. TV 뉴스에 비친 그녀는 외투로 얼굴을 가린 채 고개를 들지 못했다.

　이때 김 양이 느끼고 있는 정서감정으로 볼 수 없는 것은?

① 후회
② 창피함
③ 무서움

(21) 다음을 읽고 물음에 답하시오.

환경 미화원인 박씨는 골목길에서 쓰레기를 가득 실은 수레를 끌고 가고 있었다. 그런데 갑자기 바퀴가 무엇에 걸렸는지 수레가 움직이지를 않는다. 사람들은 고약한 냄새 때문에 코를 막고 재빨리 지나쳐 버린다. 시간이 지나자 골목길을 지나려는 차들이 길게 늘어섰다. 어떤 운전자들은 빨리 길을 비켜주지 않는다고 시끄럽게 경적을 울려댄다.

이때 박씨가 느끼고 있는 정서감정으로 볼 수 없는 것은?

① 미안함
② 당황함
③ 불안감

(22) 다음을 읽고 물음에 답하시오.

영호네 반에서는 두 사람이 한 조가 되어 일주일씩 학급 주변을 하고 있다. 영호는 이번 주에 용걸이와 한 조가 되어 주번 활동을 하게 되었다. 그런데 지난 나흘 동안은 용걸이가 게으름을 피워서 영호는 주번 활동을 혼자서 다하다시피 했다. 화가 난 영호는 용걸이에게 "오늘은 네가 다 해!"라고 말하고는 운동장에 나가 아이들과 축구를 했다. 다음 날이었다. 선생님은 영호에게 주번활동을 성실하게 하지 않는다며 벌을 주셨다. 어제 영호가 운동장에서 축구하는 것을 보신 모양이다. 영호는 말없이 눈물만 흘렸다.

이때 영호가 느끼고 있는 정서감정은 무엇일까?

① 선생님에 대한 야속함과 억울함
② 자신의 잘못에 대한 반성과 뉘우침
③ 용걸이에 대한 원망과 후회

(23) 다음을 읽고 물음에 답하시오.

철수는 입학시험 날 아침에 택시를 타고 고사장으로 가고 있었다. 그런데 잘 달리던 차가 교통체증으로 도로 한가운데서 움직일 줄 모르고 서 있다. 철수는 지각을 하여 금년에 시험을 보지 못하게 될지도 모른다는 생각이 들었다.

이때 철수가 느끼고 있는 정서감정은 무엇일까?

① 짜증

② 후회

③ 초조

나. 문항과 평가기준의 관계

이상의 네 문항은 다른 사람이 가지고 있는 정서감정이 무엇인가를 인지할 수 있는가를 평가하기 위한 문항들이다. (20)은 '다른 사람이 하는 행동을 통해 그의 정서감정을 인지한다'를 평가하기 위한 문항이다. (21)은 '다른 사람이 처해 있는 주위환경을 통해 그의 정서감정을 인지한다'를 평가하기 위한 문항이다. (22)는 '다른 사람이 보여 주는 징후를 통해 그의 정서감정을 인지한다'를 평가하기 위한 문항이다. 그리고 (23)은 '다른 사람이 가지고 있는 신념을 통해 그의 정서감정을 인지한다'를 평가하기 위한 문항이다.

제3범주 사회적인 사실적 지식 및 사회적 기술 습득하기(GIG)

8. 사회적인 '엄연한' 사실에 관해 알기(GIG-1-KF)

가. 문항의 제작

※ 다음(24-28)을 읽고 당신이 '맞다'고 알고 있는 것에 ○표를 하시오.

(24) 담배를 피우는 사람은 피우지 않는 사람보다 건강이 나빠질 가능성이 크다.
 ① 그렇다.
 ② 아니다.
 ③ 별 차이가 없다.

(25) 오토바이를 타고 가까운 거리를 갈 때에는 안전모를 안 써도 된다.
 ① 그렇다.
 ② 아니다.
 ③ 써도 되고 안 써도 된다.

(26) 고아원에 있는 아이들은 도와주는 사람들이 많기 때문에 잘산다.
 ① 그렇다.
 ② 아니다.

③ 고아원에 따라 다를 것이다.

(27) 언제든 정직하게 말하는 것이 자신에게 불리할 때는 거짓말을 해도 괜찮다.
① 그렇다.
② 아니다.
③ 잘 모르겠다.

(28) 영희네 반에서는 아무도 영희와 함께 놀지도 않고, 점심을 먹지도 않고, 짝꿍이 되는 것도 싫어한다. 영희는 따돌림을 당하고 있다.
① 그렇다.
② 아니다.
③ 잘 모르겠다.

(29) 태영이는 책을 한 권 사려고 시내에 있는 큰 서점에 갔었으나 구할 수가 없었다. 그래서 도서관에 있는 책을 슬쩍 가져왔다. 그런데 그는 그 책이 꼭 필요해서 다시 갖다 놓을 생각이 없다.

이 경우 당신은 태영이가 도둑질을 했다고 생각하는가?
① 그렇다.
② 아니다.
③ 잘 모르겠다.

나. 문항과 평가기준의 관계

이상의 여섯 문항은 사회적인 '엄연한' 사실에 관해 알고 있는가를 평가하기 위해 제작된 문항들이다. (24)와 (25)는 '건강, 안전 등에 관한 엄연한 사실을 안다'를 평가하기 위한 문항이다. (27)과 (29)는 '법률, 사회적 기준, 관습 등에 관한 엄연한 사실을 안다'를 평가하기 위한 문항이다. 그리고 (26)과 (28)은 '어려움에 처해 있는 사람들이 존재한다는 엄연한 사실을 안다'를 평가하기 위한 문항이다.

9. 사회적인 '엄연한' 사실의 정보원천에 관해 알기(GIG-1-KS)

가. 문항의 제작

(30) 당신은 중학교에 들어가면서 몸의 이상한 변화를 느끼기 시작했다. 어렴풋이 사춘기의 생리현상이 아닌가 생각하지만 잘 알 수가 없다. 이에 대해 누구에게 물어보아야 잘 알 수 있을까?
　① 사회 선생님
　② 생물 선생님
　③ 국어 선생님

(31) 결석에 관한 학교 규칙을 잘 모를 때, 누구에게 물어보아야 잘 알 수 있을까?

① 반장

② 교장 선생님

③ 담임선생님

(32) 스승의 날이 다가오고 있다. 모교를 떠나신지 오래된 옛 은사님께 문안을 드리고 싶다. 그런데 지금 어느 학교에 근무하시는지 알지 못한다. 이에 대해 어디에 또는 누구에게 물어보아야 잘 알 수 있을까?

① 교육청

② 선배

③ 동기생

(33) 소풍 날 아침인데 간간이 비가 내리고 있다. 소풍지로 가야 할지 학교로 가야 할 지 잘 모를 때, 어디에 또는 누구에게 물어보아야 할까?

① 학교

② 기상청

③ 부모님

(34) 우리 집에 결혼식이 있었다. 집안 어른들이 많이 오셨다. 처음 뵙는 분들도 있었다. 나는 서로 간에 촌수도 잘 모르고 호칭도 어떻게 해야 하는지 잘 몰랐다. 이에 대해 누구에게 물어보아야 잘 알 수 있을까?

① 삼촌

② 할아버지

③ 어머니

(35) 소년소녀 가장의 소식을 들었다. 당신은 그들을 돕고 싶다. 그런데 그들이 어디에 살고 있는지 모른다. 어디에 물어보아야 그들이 있는 곳을 잘 알 수 있을까?

① 동(면)사무소나 구(군)청

② 학교 교무실

③ 파출소(지서)나 경찰서

(36) 다음을 읽고 물음에 답하시오.

> 당신은 군부대와 그리 멀지 않은 마을에 살고 있다. 어느 날 개천가에서 이상한 물체를 하나 발견했다. 영희는 지금까지 그 물체를 본 일이 없다. 그런데 얼마 전에 폭풍과 함께 비가 많이 내린 일이 있었고, 윗마을과 군부대에서는 집과 군사시설의 일부가 침수되었다는 말을 들은 일이 있다. 당신은 그 물체가 혹시 폭발물이 아닐까 생각했다.

그 물체가 폭발물인지 아닌지를 알 수 있으려면, 누구에게 또는 어디에 물어보아야 잘 알 수 있을까?

① 부모님이나 선생님

② 면사무소나 동사무소

③ 지서(파출소)나 군부대

나. 문항과 평가기준의 관계

 이상의 일곱 문항은 사회적으로 '엄연한' 사실의 정보원천에 관한 지식을 습득한 상태인가를 평가하기 위해 제작된 문항들이다. (30)과 (36)은 '건강, 안전 등에 관한 엄연한 사실의 정보원천을 안다'를 평가하기 위한 문항이다. (31), (32), (33), (34)는 '법률, 사회적 기준(규범), 관습 등에 관한 엄연한 사실의 정보원천을 안다'를 평가하기 위한 문항이다. 그리고 (35)는 '어려움에 처해 있는 개인이나 집단의 존재에 관한 엄연한 사실의 정보원천을 안다'를 평가하기 위한 문항이다.

10. 언어적인 사회적 기술을 습득하기(GIG-2-VC)

가. 문항의 제작

(37) 당신은 어제 친구 경식이와 싸웠다. 그러나 나중에서야 당신이 잘못 알아서 싸우게 되었다는 것을 깨달았다. 그래서 그에게 사과를 하려 한다. 친구에게 사과하는 말로서 적절한 것은?

① 경식아, 용서해 다오.

② 경식아, 미안하다.

③ 경식아, 내가 실수했다.

(38) 당신은 지금 불의의 사고로 아버지가 돌아가신 친구 연희에게 위로의 말을 하려 한다. 친구를 위로하는 말로서 적절하지 않은 것은?

① 연희야, 마음이 많이 아프겠구나! 어쩌면 좋으니.

② 연희야, 슬픔이 크겠구나! 어떻게 위로의 말을 해야 할지 모르겠다.

③ 연희야, 너무 걱정하지 마! 힘내.

(39) 당신은 학급회의에서 친구 지성이가 한 말이 옳지 않다고 생각했다. 그래서 그것을 지적해 주려 한다. 지적하는 말로서 적절한 것은?

① 지성아, 네가 한 말을 다시 한번 생각해 보면 어떻겠니?

② 지성아, 다른 사람들은 그렇게 생각하지 않는데 왜 너만 그렇게 생각하니?

③ 지성아, 네가 한 말도 일리는 있지만, 이렇게도 생각할 수 있지 않겠니?

나. 문항과 평가기준의 관계

이상의 세 문제는 언어적 의사소통에 관한 사회적 기술을 습득한 상태인가를 평가하기 위해 제작된 문항들이다. (37), (38), (39)는 각각 '언어로 의사소통을 할 때 적절한 용어를 사용한다'와 '언어로 의사소통을 할 때 정확하고 명료하게 말한다'를 평가하기 위한 문항이다.

11. 비언어적인 사회적 기술을 습득하기(GIG-2-NVC)

가. 문항의 제작

※ 다음을 읽고 아래의 물음(40-41)에 답하시오.

> 창미는 반장이다. 아침 조회시간에 담임선생님께서 새로 전학 온 병모를 소개하셨다. 조회가 끝난 후 창미는 병모에게 다음과 같은 말을 했다:
> "병모야, 네가 우리 학교에 전학 온 것을 환영한다. 더욱이 우리 반 급우가 된 것을 환영한다. 우리 함께 잘 지내며 열심히 공부하자."

(40) 이때 창미가 병모를 환영하는 말소리(음성)로서 적절하다고 생각하는 것은?

① 친절한 소리로 말한다.

② 씩씩한 소리로 말한다.

③ 애정 어린 소리로 말한다.

(41) 위에서 환영하는 말을 할 때, 창미의 얼굴 표정으로 적절하다고 생각하는 것은?

① 덤덤한 표정으로 말한다.

② 반가운 표정으로 말한다.

③ 기쁜 표정으로 말한다.

※ 다음을 읽고 아래의 물음(42-43)에 답하시오.

> 우리 도(시)의 테니스 대표 선수로 전국 체전에 출전했던 형근이가 우승을 하고 돌아왔다. 그를 만났을 때 나는 다음과 같이 말했다: "형근아, 너 드디어 해냈구나. 우승을 축하한다."

(42) 이때 당신이 그를 축하하는 말소리(음성)로서 적절하다고 생각하는 것은?

① 정다운 소리로 말한다.

② 즐거운 소리로 말한다.

③ 큰 소리로 말한다.

(43) 이때 당신이 그를 축하하는 얼굴 표정으로 적절하다고 생각하는 것은?

① 웃는 표정으로 말한다.
② 진지한 표정으로 말한다.
③ 부러운 표정으로 말한다.

나. 문항과 평가기준의 관계

 이상의 네 문항은 비언어적인 의사소통에 관한 사회적 기술을 습득한 상태인가를 평가하기 위해 제작된 문항이다. (40)과 (42)는 '의사소통을 할 때 (말의 억양, 색조, 속도 등) 적절한 음성으로 말한다'를 평가하기 위한 문항이다. 그리고 (41)과 (43)은 '의사소통을 할 때 (얼굴 표정, 눈 맞춤, 몸동작, 거리 유지 등) 적절한 표정으로 말한다'를 평가하기 위한 문항이다.

제4범주 도덕적 문제를 인식, 사고, 판단하여 행동하기(KRAT)

12. 도덕적 문제인가를 타당하게 인식하기(KRAT-1-RA)

가. 문항의 제작

※ 다음의 문제사태를 읽고 아래의 물음(44-55)에 답하시오.

> 민선이는 아파트에 살고 있다. 이곳으로 이사 온 지도 벌써 2년여가 지났지만, 알고 지내는 사람은 별로 없다. 어느 날 민선이는 날씨가 화창해서 창문을 열고 밖을 내다보고 있었다. 그때 갑자기 주차장 쪽에서 둔탁하게 '쿵' 하는 소리가 들렸다. 그쪽을 바라보니 어떤 차가 후진을 하다가 뒤에 주차된 차를 받은 것이다. 주차장 주위에, 보이는 사람은 아무도 없었다. 이를 확인한 듯 그 운전자는 재빨리 정문 쪽으로 차를 몰고 가 버렸다. 그런데 그 차는 민선이에게 낯익어 보였다. 그렇다. 그 차는 분명히 앞집에 사는 아저씨의 차였다. 민선이는 그 아저씨가 그냥 가 버린 것에 대해 무언가 찜찜하다는 생각이 들었다.
> 그다음 날이었다. 민선이네는 저녁 식사를 하고 있었는데, 어머니가 어디서 들으셨는지 우리 동(棟) 끝에 사는 아주머니가 카센터에서 차를 수리하였는데 비용이 많이 들었다고 한다. 누가 차를 박아 찌그러뜨려 놓고는 말도 하지 않고…, 본 사람이 아무도 없는지 말해 주는 사람도 없다면서 야박한 인심을 탓하였다고 한다. 아파트 경비실에 가서도 누가 차를 받았는지 경비원이 그런 것도 보지 못했느냐고 불평도 했다고 한다.

민선이는 어머니의 말씀을 듣고 난 후 고민에 빠졌다. 가해 차량이 앞집 아저씨의 차라는 것을 말해야 할지….

당신이 민선이라고 하자.

(44) 당신은 이 문제가 어떤 종류의 것이라고 생각하는가?

① 교통 문제라고 생각한다.

② 경제적 문제라고 생각한다.

③ 도덕적 문제라고 생각한다.

(45) 당신이 그렇게 생각하는 이유는 무엇인가?

① 교통사고가 발생했기 때문이다.

② 아주머니가 차를 수리하는 데 돈이 들었기 때문이다.

③ 아저씨가 사실을 숨김으로써 문제에 관련된 사람들(아주머니, 아저씨, 나: 민선) 간에 갈등(이해관계)이 발생했기 때문이다.

(46) 당신은, 이 문제는 누구의 입장(이익)을 고려해야 하는 상황으로 보는가?

① 나(민선)의 입장(이익)

② 나(민선), 아저씨, 아주머니 모두의 입장(이익)

③ 아주머니의 입장(이익)

나. 문항과 평가기준의 관계

이상의 세 문항은 (44)는 '어떤 문제사태가 도덕적 문제사태인지 아닌지를 타당하게 알아차릴 수 있다' 평가하기 위한 문항이다. (45)는 '도덕적 문제사태란 대인관계에서 이해관계가 발생한 사태다'를 평가하기 위한 문항이다. 그리고 (46)은 '도덕적 문제사태란 다른 사람의 이익을 나의 것과 동등하게 고려해야 하는 사태다'를 평가하기 위한 문항이다.

13. 도덕적 문제에 대해 철저하게 사고하기(KRAT-1-TT)

가. 문항의 제작

(47) 당신은 이 문제에 관련된 사람들의 마음(정서감정)이 어떠할 것으로 생각하는가?

① 아주머니: 속상해한다. 아저씨: 불안해한다. 나(민선): 안타까워한다.

② 아주머니: 속상해한다. 아저씨: 후회한다. 나(민선): 의기양양해한다.

③ 아주머니: 속상해한다. 아저씨: 태연해한다. 나(민선): 안타까워한다.

(48) 당신은 이 경우에 어떻게 하는 것이 옳다고 알고 있는가?

① 내가 직접 관련된 일이 아니므로 침묵해야 한다.
② 어떻게든 가해자가 밝혀져야 하고, 그가 책임을 져야 한다.
③ 아저씨의 입장(이익)을 생각해 침묵해야 한다.

(49) 당신은 어떻게 하는 것이 관련된 사람들 모두의 입장(이익)을 고려하는 것이라고 생각하는가?

① 가해자가 아저씨라는 것을 아파트 관리사무소에 알린다.
② 아주머니에게 아저씨가 가해자라는 것을 직접 말한다.
③ 아저씨에게 내가 목격자임을 밝히고, 아주머니에게 자백하도록 권유한다.

나. 문항과 평가기준의 제작

  이상의 세 문항은 도덕적 문제에 대해 철저하게 사고할 수 있는가를 평가하기 위해 제작된 문항들이다. (47)은 '나와 다른 사람이 가지고 있는 정서감정이 무엇인가를 생각해 본다'를 평가하기 위한 문항이다. (48)은 '문제에 관련된 사실에 관한 엄연한 지식과 사실의 정보원천을 찾는 방법에 대해 생각해 본다'를 평가하기 위한 문항이다. 그리고 (49)는 '어떻게 하는 것이 나와 다른 사람들의 이익을 동등하게 고려하는 것인가에 대해 생각한다'를 평가하기 위한 문항이다.

14. 도덕적 문제를 정당하게 판단하기(KRAT-1-OPU)

가. 문항의 제작

(50) 당신은 이 사태에서 어떤 판단(결정)을 하겠는가?

① 아저씨의 입장(이익)을 고려하는 판단을 한다. 그러므로 침묵한다.

② 관련된 사람 모두의 입장(이익)을 고려하는 판단을 한다. 그러므로 아저씨에게 내가 목격자임을 밝혀서 아주머니에게 자백하도록 권유한다.

③ 아주머니의 입장(이익)을 고려하는 판단을 한다. 그러므로 아주머니에게 아저씨가 가해자라는 것을 직접 말한다.

(51) 당신이 그렇게 판단(결정)한 이유는 무엇인가?

① 아주머니의 입장(이익)을 우선적으로 고려해야 하기 때문이다.

② 아저씨의 입장(이익)을 우선적으로 고려해야 하기 때문이다.

③ 관련된 사람들 모두의 입장(이익)을 우선적으로 고려해야 하기 때문이다.

(52) 당신의 그러한 판단은 누가 그렇게 해야 한다는 판단인가?

① 내가 그렇게 해야 한다는 판단이다.

② 내가 그렇게 해야 한다는 판단일 뿐 아니라, 나와 비슷한

상황에 있는 사람이라면 누구나 다 그렇게 해야 한다는 판단이다.

③ 내가 그렇게 해야 한다는 판단이지만, 나와 비슷한 상황에 있는 사람이라고 해서 다 그렇게 해야 한다는 판단은 아니다.

나. 문항과 평가기준의 관계

이상의 세 문항에서 (50)은 '도덕적 문제를 정당하게 판단할 수 있다'를 평가하기 위한 문항이다. (51)은 '사람의 개념을 우선적인 도덕원리로 하여 도덕적 판단을 한다'를 평가하기 위한 문항이다. 그리고 (52)는 '규정적인 도덕판단을 한다'와 '보편화 가능한 도덕판단을 한다'를 평가하기 위한 문항이다.

15. 도덕적 문제를 판단대로 행동하기(KRAT-2)

가. 문항의 제작

※ 당신(민선)이 위 (50)에서 아저씨에게 '아저씨가 가해자라는 사실을 자백하는 것이 좋겠다고 권유하는 판단을 했다'고 하자.

(53) 이 경우 당신이 실제로 아저씨에게 자백을 권유하는 말을 하면, 그가

당신을 미워할 수도 있고, 앞뒤 집에 살면서 입장이 난처해질 수도 있다는 생각이 들었다. 그래도 당신은 당신의 판단(결정)대로 행동하겠는가?

① 그렇다.
② 아니다.
③ 잘 모르겠다.

(54) 당신이 아저씨에게 '자백을 하는 것이 좋겠다'고 권유할 때, 그가 '이제 와서 내가 가해자라는 사실이 밝혀지면 내 체면이 엉망이 될 테니 눈감아 달라'고 부탁할지도 모른다. 그래도 당신은 그에게 계속 자백을 권유하겠는가?

① 그렇다.
② 아니다.
③ 잘 모르겠다.

(55) 당신은 당신의 판단(결정)대로 행동하려 했는데, 갑자기 '내가 직접 관련된 일도 아니고, 성가시고 귀찮은 일인데… 남의 일에 나설 필요가 뭐 있나… 에라 모르겠다, 모른 척 하는 것이 상수다'는 생각이 났다. 그래도 당신은 판단(결정)대로 행동하겠는가?

① 그렇다.
② 아니다.
③ 잘 모르겠다.

나. 문항과 평가기준의 관계

  이상의 세 문항은 도덕적 문제를 판단대로 행동하는가를 평가하기 위해 제작된 문항이다. (53)은 '두려움이나 불안 또는 무서움을 느낄 때에도 판단대로 행동한다'를 평가하기 위한 문항이다. (54)는 '도덕적 판단을 행동으로 옮기는 데 방해하는 어떤 유혹이 있어도 판단대로 행동한다'를 평가하기 위한 문항이다. 그리고 (55)는 '성가시고 귀찮고 화가 나거나 기분이 나쁠 때에도 판단대로 행동한다'를 평가하기 위한 문항이다.

제4장
'도덕성 진단 검사'의 신뢰도 및 타당도

이 장에서는 앞 장에서 제시한 '도덕성 진단 검사' 도구의 신뢰도와 타당도를 산출하였다.

1. 신뢰도

제1장 제3절 '검사 도구 개발의 절차 및 설계'에서 제시한 바와 같이, 신뢰도 산출을 위해 서울, 광역시, 도시, 읍면 소재지 각각에서 임의로 선정한 12개 중등학교 학생 480명을 대상으로 제3장에서 제작한 '도덕성 진단 검사'를 실시하였다. 이들 중 신뢰도 검사를 위해 사용된 피검사자 수는 475명이었다. 이 검사에 참여한 지

역별 학교와 참여자 수는 다음의 〈표 4-1〉과 같다.

〈표 4-1〉 지역별 검사자 수 및 학교

검사자 수 \ 지역	서울	광역시	도시	읍면	계
검사자 수	35	40	39	27	141
검사자 수	39	42	36	40	157
검사자 수	53	40	40	44	177
계	127	122	115	111	475

이 자료에 의해 산출된 '도덕성 진단 검사'의 신뢰도 지수는 다음의 〈표 4-2〉와 같다.

〈표 4-2〉 검사의 신뢰도 지수

범주	문항 범위	크론박 알파(n=475)
제1범주(PHIL)	1-12	α=.359
제2범주(EMP)	13-23	α=.623
제3범주(GIG)	24-43	α=.690
제4범주(KRAT)	44-55	α=.735
전체	1-55	α=.829

이 검사는 신뢰도로서의 내적 합치도를 산정하기 위해 크론박(L. J. Cronbach)의 알파(α) 계수방법을 사용하였다. 〈표 4-2〉에서 볼 수 있는 바와 같이 제1범주(PHIL) 12개 문항의 크론박 알파는 .36

이다. 제2범주(EMP) 11개 문항의 크론박 알파는 .62다. 제3범주(GIG) 20개 문항의 크론박 알파는 .69다. 그리고 제4범주(KRAT) 12개 문항의 크론박 알파는 .74다.

이처럼 '도덕성 진단 검사'의 신뢰도는, 제1범주에서의 내적 합치도(α=.36)는 상대적으로 낮다. 제2범주와 제3범주에서는 확실한 신뢰도(각각 α=.62, α=.69)를 보이고 있다. 그리고 제4범주에서는 높은 신뢰도 지수(α=.74)를 보이고 있다. 한편 55개 문항 전체의 내적 합치도 지수는 α=.83을 보이고 있다. 그러므로 이 '도덕성 진단 검사'는 전반적으로 신뢰도가 높은 것으로 확인되었다.[27]

이 검사는 크론박의 알파 계수 방법에 의한 신뢰도와 함께 재검사에 의한 신뢰도도 산출되었다. 재검사는 131명을 대상으로 실시되었다.

S고등학교 제2학년의 경우 피검사자 54명을 대상으로 1차는 2004년 5월 7일에, 2차는 3주 후인 2004년 5월 28일에 실시하였다. C여자고등학교 제1학년의 경우 36명을 대상으로 1차는 2004년 5월 10일에, 2차는 6주 후인 2004년 6월 22일에 실시하였다. 그리고 T고등학교 제1학년의 경우 1차는 36명을 대상으로 2004년 5월 10일에, 2차는 39명을 대상으로 4주 후인 2004년 6월 11일에 실시하였다.

---

[27] 여기서 '도덕성 진단 검사'의 신뢰도 산출을 위한 통계 방법과 지수의 계산 및 해석은 교육 측정 및 평가 전문가인 김정환(한국교원대학교 교육학과 교수)에 의해 이루진 것이다.

이들 131명 중 실제로 재검사 신뢰도 산출을 위해 사용된 피검사자 수는 104명이었다. 제외된 27명 중 대부분은 결석 등으로 1차 검사에 참여하지 않은 학생들이다. 산출된 재검사 신뢰도 지수는 다음의 〈표 4-3〉에서 보는 바와 같이 $p<.01$ 수준에서 $r=.72$ 이었다.

〈표 4-3〉 재검사 신뢰도 지수

검사	평균치	표준편차	사전검사	사후검사
사전검사	78.61	8.42		.72**
사후검사	79.25	11.04	.72**	

** $p<.01$, 사례수=104명

이는 3~6주 간격으로 104명의 동일한 피검사자들에게 실시한 검사 점수간의 적률상관관계계수에 의해 계산된 지수다. $r=.72$는 의미 있게 높은 신뢰도를 나타내는 결과다($p<.01$). 따라서 이 검사 도구의 재검사 신뢰도 지수는 높은 것으로 확인되었다.[28]

---

[28] '도덕성 진단 검사'에 대한 재검사 신뢰도 산출을 위한 통계적 방법과 계산 및 해석은 김정환 교수에 의해 이루어진 것이다.

2. 타당도

이 '도덕성 진단 검사'는 제1장 검사 도구 개발의 의의에서 밝힌 바와 같이, 윌슨(J. Wilson)이 제시한 도덕성 4범주 15요소를 피검자들이 얼마만큼이나 계발 또는 함양하고 있는 상태인가를 측정하기 위한 도구다. 이를 위한 '도덕성 진단 검사'는 모두 55개 문항으로 구성되었다.

도덕성 요소의 함양 상태를 측정하기 위해 제작된 문항의 수는 GIG-1-KF('엄연한' 사실에 관해 알기)의 경우 6개다. GIG-1-KS(엄연한 사실의 정보원천에 관해 알기)의 경우 7개이다. EMP-1(나의 정서감정 인지하기)과 EMP-2(다른 사람의 정서감정 인지하기) 그리고 GIG-2-NVC(비언어적 사회적 기술 습득하기)의 경우는 각각 4개씩이다. 나머지 10개 요소들은 각각 3개씩이다. 이들 문항 모두는 제2장에서 살펴본 윌슨이 제시한 도덕성 요소들의 개념 내지는 특성들로 구성·제작되었다; 특히 이들 요소 각각으로부터 이끌어낸 평가기준에 기초하여 구성·제작되었다.

그러므로 '도덕성 진단 검사'는 측정하려는 내용을 비교적 충실하게 측정할 수 있는 도구라고 생각한다; 즉 타당도가 비교적 확보된 검사 도구라고 생각한다. 이러한 생각은 윌슨의 도덕성 요소에 기초하여 학생들의 도덕성을 증진하는 것을 도덕교육으로 보는 그의 도덕교육론에 관한 전문가의 입장에서 생각하고 판단한 것이다. 문제는 '내가 이 분야에서 전문가인가' 이다. 나는 나 스스로를 이 분야에서 전문가라고 생각한다. 내가 이렇게 생각하는 이유는 윌슨의 도덕성 요소와 도덕교육론에 관한 나의 다음과 같은 연구 업적에 근거한다.

- 남궁달화 역, 『도덕교육 방법의 실제』, 한국학술정보(주) 2001(Wilson 저, *Practical Methods of Moral Education*, 1972)
- 남궁달화 역, 『교사를 위한 도덕교육 입문서』, 도서출판 문음사 2002(Wilson 저, *A Teacher's Guide to Moral Education*, 1973)
- 남궁달화 역, 『도덕교육평가』, 한국교원대학교 출판부 2002 (Wilson 저, *The Assessment of Morality*, 1973)
- 남궁달화 역, 『도덕성 서문』, 한국교원대학교 출판부 2004 (Wilson 저, *A Preface to Morality*, 1987)
- 남궁달화 역, 『새 도덕교육학 개론』, 한국교원대학교 출판부 2004(Wilson 저, *A New Introduction to Moral Education*, 1980)

이상의 윌슨의 5권의 저서는 도덕성 요소와 도덕교육론에 관한 한, 그의 주요 저서라고 생각된다. 나는 이러한 그의 저서에 기초하여 다음과 같은 두 권의 책을 저술하기도 하였다.

- 남궁달화, 『도덕교육과 수행평가』, 교육과학사 2000
- 남궁달화, 『도덕성 요소와 도덕교육』, 학지사 2003

이밖에도 나는 윌슨의 도덕성 요소와 도덕교육론을 주제로 하여 몇 편의 논문을 쓰기도 했다. 그리고 이러한 논문과 저서 및 역서 등을 교재로 하여 그의 도덕교육론에 관한 강의를 학부와 대학원에서 10여 년 넘게 해 왔다.

그러나 나는 나 혼자 만에 의해 '도덕성 진단 검사' 도구가 타당도를 확보하고 있다고 판단하는 것에 대해 만족하지 않는다. 이 도구에 대한 다른 전문가들로부터의 내용 타당도 검증을 고려해 보았으나 불행히도 이 분야에서의 전문가를 우리의 주변에서 찾는 것이 어려웠다.

그리하여 측정 및 평가 전문가인 김정환과 함께 구인타당도를 시도해 보았다. 그러나 '도덕성 진단 검사'의 구성 특성으로 보아 구인타당도의 산출이 곤란하다는 것을 알게 되었다.

한편 '도덕성 진단 검사'의 점수와 레스트(J. Rest)의 DIT 점수와의 관계를 알아보는 공인타당도의 산출도 시도해 보았다. 그러나 이 역시 실패했다. 콜버그(L. Kohlberg)의 도덕성 단계이론에 기초한 DIT 점수는 특정 단계에서의 도덕적 판단 능력의 비율을 나타내 주는 데 비해, 윌슨의 도덕성 이론에 기초한 '도덕성 진단 검사' 점수는 도덕성의 구성요소를 피검사자가 얼마나 함양한 상태인가를 전체적으로 측정하는 수치이다. 즉 DIT 전체는 '도덕성 진단 검사'와 비교해 볼 때, 대강 말해서 철저한 도덕적 사고(KRAT-1-TT) 내지는 도덕적 판단하기(KRAT-1-OPU)라는 두 요소에 해당하는 일부에 불과하다. 그러므로 두 검사 간의 단순한 상관관계에 의존하는 공인타당도 지수의 산출은 의미가 없다고 판단되었다.

이러한 이유로 나는 '도덕성 진단 검사'의 타당도를 보다 확보하기 위해 윌슨의 도덕성 요소 이론에 관한 이른바 전문가 집단을 워크숍을 통해 양성(?)하기로 하였다. 그들로 하여금 '도덕성 진단 검사' 도구의 내용 타당도를 검증토록 하기 위해서였다.

나는 현직 교사 25명이 수강한 '도덕교육연구'라는 (계절제) 교육대학원 출석 수업에서 3주(2004년 7월 26일부터 8월 14일까지) 48시간에 걸쳐 실시된 강좌를 맡았었다. 나는 이 강좌를 윌슨의 도덕성 요소를 중심으로 도덕성 평가를 포함한 그의 도덕교육론을 워크숍의 형태로 다음과 같이 운영하였다.

① 첫 시간에 참여자 25명의 교사들에게 '도덕성 진단 검사'를 실시하였다. 이는 그들의 도덕성 함양 상태를 측정하는 것이 목적이었다기보다는 윌슨의 도덕성 요소에 기초하여 제작된 '도덕성 진단 검사' 도구의 내용, 성격, 구성, 조직, 특징 등을 그들에게 소개하기 위한 것이었다.
② 교사들에게 윌슨의 도덕성 4범주 16요소가 무엇인가를 충분히 이해할 수 있도록 한 요소에 평균 2시간씩 30여 시간에 걸쳐 강의와 발표 그리고 논의가 있었다.
③ 교사들로 하여금 학생들이 도덕성을 얼마나 함양하고 있는가를 평가하는 데 사용할 수 있는 평가기준을 16요소 각각으로부터 이끌어 내는 과제를 부과하였다. 이어서 내가 이미 마련한 평가기준과의 비교 및 상이한 점에 대한 논의의 기회를 6시간에 걸쳐 가졌다. 이의 결과 상호간에 평가기준에 대한 수정·보완이 이루어졌다.

④ 나는 워크숍에 참여한 25명의 교사들이 윌슨의 도덕성 4범주 15요소를 얼마나 충분히 이해하고 있는가를 알아볼 목적으로 '도덕성 진단 검사' 55개 문항 각각이 어떤 평가기준과 관련하여 제작되었는가를 묻는 테스트를 3시간에 걸쳐 다음과 같이 실시했다.

가. 참여자들에게 제2장에서 수립한 '도덕성 요소의 평가기준'과 제3장에서 제작한 '도덕성 진단 검사'를 일종의 시험문제 또는 자료로 배부하였다.

나. 수립된 '도덕성 요소의 평가기준'에 비추어 볼 때 '도덕성 진단 검사' 55개 문항 각각은 어떤 기준에 해당되는가를 분석하도록 하였다. 예를 들면, 다음에서 보는 바와 같이 '도덕성 진단 검사' 1번은 '사람의 개념 알기(PHIL-HC)' 요소를 측정하는 문항이다.

※ 다음(1-3)은 사람과 다른 동물들을 비교한 말이다. 당신이 '맞다'고 알고 있는 것에 ○표를 하시오.

1. 가. 사람과 동물은 모두 언어를 사용하는 존재다.
   나. 사람은 언어를 사용하는 존재이지만 동물은 아니다.
   다. 동물은 언어를 사용하는 존재이지만 사람은 아니다.

이 문항은 '도덕성 요소의 평가기준'에 비추어 볼 때 어느 기준에 해당되는가를, 다음의 〈표 4-4〉 문항분석 채점표의 문항 1번의 예와 같이 써 넣으면 된다. 즉 이 문항은 윌슨의 '도덕성 요소 평가기준'에 비추어 보면 '사람은 언어를 사용하는 생물이다'의 기준을 측정하기 위해 제작된 문항임을 알 수 있다. 그러므로 평가기준에 부여된 번호 'PHIL-HC-2'가 답이 된다(부록 1 참조).

이 테스트에 참여한 25명의 평균 점수는 100점 만점에서 89.32였다. 나는 이러한 성취도 수준은 윌슨이 제시한 도덕성 4범주 15요소와 이로부터 이끌어진 평가기준에 대한 이해가 비교적 우수한 편이라고 판정하였다. 이들 25명의 현직 교사들은 이제 '도덕성 진단 검사' 도구의 내용타당도를 평가할 수 있는 준비가 되었다고 생각하였다. 다시 말하면, 이들은 윌슨의 도덕성 요소와 도덕교육론에 대한 전문적인 식견을 갖춘 상태라고 판단하기에 이르렀다.

※ 문제지 『도덕성 진단 검사』의 각 문항은 윌슨(J. Wilson)이 제시한 도덕성 요소들로부터 이끌어진 '도덕성 요소의 평가기준'에 비추어 볼 때 어느 기준에 해당된다고 생각하는가? 평가기준의 번호를 '문항번호 1의 예'와 같이 분석 채점표에 써 넣으시오.

〈표 4-4〉'도덕성 진단 검사' 문항분석 채점표

문항 번호	평가 기준	문항 번호	평가 기준	문항 번호	평가 기준
1	예: PHIL-HC-2	24		44	
2		25		45	
3		26		46	
4		27		47	
5		28		48	
6		29		49	
7		30		50	
8		31		51	
9		32		52	
10		33		53	
11		34		54	
12		35		55	
13		36		소계 III: 정답수 × 2 =	
14		37			
15		38			
16		39			
17		40			
18		41			
19		42		합계: I + II + III + 10 =	
20		43			
21		소계 II: 정답수 × 1 =			
22					
23					
소계 I: 정답수 × 2 =					

이름: 성별: 나이:

3. '도덕성 진단 검사'의 내용 타당도 평정척도 및 답안지

가. '도덕성 진단 검사'의 내용 타당도를 검사할 목적으로 구안된 '내용타당도 평정척도'는 〈표 4-5〉와 같다.

  이 평정척도는 개발 중에 있는 '도덕성 진단 검사' 도구가 얼마만큼이나 내용 타당도를 갖추고 있는가를 평가할 목적으로 구안되었습니다. 윌슨의 도덕성 요소에 기초해서 이끌어낸 평가기준에 비추어 '도덕성 진단 검사'의 각 문항이 타당하게 구성되었는가를 전문가들이 판단할 수 있도록 4단계로 구안된 평정척도입니다. 귀하가 좌측에 있는 각 문항을 윌슨의 도덕성 요소의 평가기준(부록 1 참조)에 비추어 평가하는 바에 따라 '적절하다'고 생각하면 4점에, '적절한 편이다'로 생각하면 3점에, '부적절한 편이다'로 생각하면 2점에, 그리고 '부적절하다'로 생각하면 1점에 '동그라미' 표시(○)를 하여 주십시오.

<표 4-5> 내용 타당도 평정척도

문항	평정척도
※ 다음(1~3)은 사람과 다른 동물들을 비교한 말이다. 당신이 '맞다'고 알고 있는 것에 ○표를 하시오.	이 문항은 PHIL-HC-2의 평가기준에 비추어 볼 때
1. 가. 사람과 동물은 모두 언어를 사용하는 존재다. 나. 사람은 언어를 사용하는 존재이지만 동물은 아니다. 다. 동물은 언어를 사용하는 존재이지만 사람은 아니다.	4: 적절하다 3: 적절한 편이다 2: 부적절한 편이다 1: 부적절하다
2. 가. 사람과 동물은 모두 이성적(理性的) 존재다. 나. 사람은 이성적 존재이지만 동물은 아니다. 다. 동물은 이성적 존재이지만 사람은 아니다.	이 문항은 PHIL-HC-1의 평가기준에 비추어 볼 때 4: 적절하다 3: 적절한 편이다 2: 부적절한 편이다 1: 부적절하다
3. 가. 정서감정은 사람에게는 있으나 동물에게는 없다. 나. 정서감정은 사람에게도 있고 동물에게도 있다. 그리고 그것의 수준(차원)도 같다. 다. 정서감정은 사람에게도 있고 동물에게도 있다. 그러나 그것의 수준(차원)은 다르다.	이 문항은 PHIL-HC-3의 평가기준에 비추어 볼 때 4: 적절하다 3: 적절한 편이다 2: 부적절한 편이다 1: 부적절하다
※ 다음을 읽고 아래의 물음(4~6)에 답하시오. 영순이는 성적에 관심이 많고 항상 1등을 해야 한다고 생각하는 학생이다. 그리고 실제로 지난 2년여 동안 쭉 1등을 해 왔다. 그러나 지난 학기에는 1등을 놓쳤다. 늘 2등을 하던 봉달이가 1등을 했	

다. 지금은 미술 시험 시간이다. 한편 봉달이는 준비물을 챙겨 가지고 온 줄 알았는데 아무리 찾아보아도 없다. 그러나 영순이는 준비물을 넉넉하게 가지고 있다. 이를 아신 선생님은 영순이에게 준비물을 봉달이와 나누어 사용하면 좋겠다고 말씀하셨다. 하지만 영순이는 그렇게 하면 이번에도 봉달이가 1등을 하게 될지 모른다는 생각이 들었다. 영순이는 어떻게 해야 할까 망설여진다.

당신이 영순이라고 하자.

4. 이 경우 당신은 어떻게 해야 한다고 생각하는가?

가. 나의 입장(이익)을 고려해야 한다고 생각한다.
나. 내가 나의 입장(이익)을 고려하듯 봉달이의 입장(이익)을 고려해야 한다고 생각한다.
다. 나중에 봉달이도 나의 입장(이익)을 고려해 준다면, 봉달이의 입장(이익)을 고려해야 한다고 생각한다.

이 문항은 PHIL-CC-0의 평가기준에 비추어 볼 때

4: 적절하다
3: 적절한 편이다
2: 부적절한 편이다
1: 부적절하다

5. 당신의 그러한 생각은 누가 그렇게 해야 한다는 것인가? 당신의 생각에 해당되지 않는 것은?

가. 내가 그렇게 해야 한다는 것이다.
나. 나 뿐 아니라 나와 비슷한 상황에 있는 사람이라면, 누구나 다 그렇게 해야 한다는 것이다.
다. 내가 그렇게 해야 한다는 생각이지만, 나와 비슷한 상황에 있는 사람이라고 해서 누구나 다 그렇게 해야 한다는 것은 아니다.

이 문항은 PHIL-CC-2, 3의 평가기준에 비추어 볼 때

4: 적절하다
3: 적절한 편이다
2: 부적절한 편이다
1: 부적절하다

6. 당신이 4번에서 택한 것은, 그것이 어느 것이든, 일종의 도덕원리에 대한 주장이다. 당신은, 당신이 택한 도덕원리가 다른 어떤 것보다도 우선되는 도덕원리라고 생각하는가? 가. 그렇다. 나. 아니다. 다. 잘 모르겠다.	이 문항은 PHIL-CC-1의 평가기준에 비추어 볼 때 4: 적절하다 3: 적절한 편이다 2: 부적절한 편이다 1: 부적절하다
7. 다음을 읽고 물음에 답하시오. 어떤 일과 관련해서 당신과 갑수 사이에 이해관계(利害關係)가 발생했다. 처음에 당신은 갑수야 어떻게 되든 당신의 이익만 고려하려 했다. 그러나 갑자기 '갑수가 나라면 그는 어떻게 할까. 그가 나의 이익은 고려하지 않고 자신의 이익만 고려한다면…' 하는 생각이 들었다. 결국 당신은 당신의 이익과 갑수의 이익을 공평하게 처리했다. 갑수는 나중에 이를 알게 되었고, 당신에 의해서 그의 이익이 고려된 것에 대해 좋아할 뿐 아니라 고마워하고 있다. 갑수가 그의 이익이 고려되어 좋아하는 모습에 대해, 당신이 느끼고 있는 정서감정은 무엇일까? 가. 나의 이익을 더 고려하지 못해 아쉽다. 나. 그가 좋아하는 걸 보니 나도 기분이 좋다. 다. 괜히 그의 이익을 고려해 줬다는 생각이 든다.	이 문항은 PHIL-RSF-PO-1의 평가기준에 비추어 볼 때 4: 적절하다 3: 적절한 편이다 2: 부적절한 편이다 1: 부적절하다

8. 다음을 읽고 물음에 답하시오.

어떤 일과 관련해서 A와 B 사이에 이해관계가 발생했다. 이 상황에서 A의 이익은 고려되었으나 B의 이익은 고려되지 못했다. B는 그의 이익이 고려되지 않은데 대해 불만스러워하고 있다.

B가 그의 이익이 고려되지 않아 불만스러워하는 데 대해, 당신이 느끼고 있는 정서감정은 무엇일까?

    가. 나와 상관없는 문제이므로 아무렇지도 않다.
    나. B의 이익이 고려되지 않은 것이 유감스럽다.
    다. B에게 동정하고 싶은 마음이 생긴다.

이 문항은 PHIL-RSF-PO-2의 평가기준에 비추어 볼 때

4: 적절하다
3: 적절한 편이다
2: 부적절한 편이다
1: 부적절하다

9. 다음을 읽고 물음에 답하시오.

어떤 일과 관련해서 C와 D 사이에 이해관계가 발생했다. 이 상황에서 일이 잘못되어 D의 이익이 고려되지 못했다. D는 그의 이익이 고려되지 않은 점에 대해 낙심하며 괴로워하고 있다.

D가 그의 이익이 고려되지 않아 괴로워하는 데 대해, 당신이 느끼고 있는 정서감정은 무엇일까?

    가. 착잡한 심정이다.
    나. 동정심을 느낀다.
    다. 우울한 기분이다.

이 문항은 PHIL-RSF-PO-3의 평가기준에 비추어 볼 때

4: 적절하다
3: 적절한 편이다
2: 부적절한 편이다
1: 부적절하다

※ 다음을 읽고 아래의 물음(10~11)에 답하시오.

당신은 평소에 '사람은 누구나 평등하다'고 생각하는 사람이다. 그러므로, 비록 당신이 모르는 사람(들)이라 하더라도, '다른 사람(들)이 곤경에 처해 도움을 필요로 할 때에는 그(들)를 도와줘야 한다'는 신념을 가지고 있는 사람이다.
그런데 뉴스를 들으니 지금 터키에서는 지진이 발생하여 많은 사람들이 죽고 다쳐 도움을 필요로 하고 있다. 마침 우리나라에서도 자선단체가 중심이 되어 그들을 돕기 위한 구호금품을 모으고 있었다.

10. 당신은 때맞추어 얼마간의 구호금품을 전달하였다. 그것을 전달하고 나서 당신이 느끼고 있는 정서감정은 무엇일까?

　가. 만족스러움
　나. 용돈이 줄어 아깝다는 마음
　다. 손해를 본 느낌

이 문항은 PHIL-RSF-DO-1의 평가기준에 비추어 볼 때

　4: 적절하다
　3: 적절한 편이다
　2: 부적절한 편이다
　1: 부적절하다

11. 당신은 마음은 있었으나, 바쁜 일로 기회를 놓쳐 구호금품을 전달하지 못했다. 이 경우 당신이 느끼고 있는 정서감정은 무엇일까?

　가. 후회스러움
　나. 이득을 본 느낌
　다. 다행스러움

이 문항은 PHIL-RSF-DO-2의 평가기준에 비추어 볼 때

　4: 적절하다
　3: 적절한 편이다
　2: 부적절한 편이다
　1: 부적절하다

12. 다음을 읽고 물음에 답하시오.
 	
오늘 하교 길에서 생긴 일이다. 나는 길을 건너가려고 횡단보도 신호등의 적색 등이 녹색 등으로 바뀌기를 기다리고 있었다. 그런데 갑자기 어떤 사람이 나타나 뛰어 건너갔다. 그러나 나는 녹색 등이 켜질 때까지 기다렸다가 건너갔다.
 	
그때 당신이 그 사람에 대해 느꼈던 정서 감정은 무엇인가?
 	
    가. '무슨 급한 일이 있는가 보다' 하며 이해하는 마음
    나. '저래서는 안 되는데…' 하며 비난하는 마음
    다. '참 용기 있는 사람이야' 하며 부러워하는 마음
	이 문항은 PHIL-RSF-DO-3의 평가기준에 비추어 볼 때
	
	4: 적절하다
	3: 적절한 편이다
	2: 부적절한 편이다
	1: 부적절하다

※ 다음을 읽고 아래의 물음(13~15)에 답하시오.
 	
철수는 키가 작아 고민도 하고 열등감도 가지고 있다. 그런데 영철이가 사람들 앞에서 철수를 보고 '난쟁이'라고 놀려댔다. 철수는 몹시 화가 났다.
 	
13. 화가 난 철수는 평소에 어떤 생각(신념)을 가지고 있었을까?
 	
    가. 키가 작은 사람을 '난쟁이'라고 놀리는 것은 나쁘다.
    나. 키가 작은 것은 부끄러운 일이 아니다.
    다. 훌륭한 사람 중에는 키가 작은 사람도 많이 있다.
	이 문항은 EMP-HC-1의 평가기준에 비추어 볼 때
	
	4: 적절하다
	3: 적절한 편이다
	2: 부적절한 편이다
	1: 부적절하다

14. 화가 난 철수는 어떤 태도(징후)를 보였을까요? 가. 얼굴이 파래졌을 것이다. 나. 한숨을 내쉬었을 것이다. 다. 얼굴을 붉히며 씩씩거렸을 것이다.	이 문항은 EMP-HC-2의 평가기준에 비추어 볼 때 4: 적절하다 3: 적절한 편이다 2: 부적절한 편이다 1: 부적절하다
15. 화가 난 철수는 어떤 행동을 했을까요? 가. 태연한 척 했을 것이다. 나. 영철이를 쏘아봤을 것이다. 다. 울음을 터트렸을 것이다.	이 문항은 EMP-HC-3의 평가기준에 비추어 볼 때 4: 적절하다 3: 적절한 편이다 2: 부적절한 편이다 1: 부적절하다
16. 다음을 읽고 물음에 답하시오. 나는 약속 시간에 늦어 급히 가다 과일을 한아름 안고 가던 사람과 그만 부딪치고 말았다. 그때 과일이 길바닥에 와르르 쏟아졌다. 주워 주고 싶었지만 너무 시간이 없어서 그냥 가 버렸다. 나중에 생각해 보니 길바닥에 흩어진 과일을 줍느라고 그 사람은 당황하기도 하고 짜증스럽기도 했을 것이다. 그때 과일을 주워 주고 가지 못한 데 대해, 지금 내가 느끼고 있는 정서감정이 아닌 것은? 가. 후회 나. 책임감 다. 미안함	이 문항은 EMP-1-1의 평가기준에 비추어 볼 때 4: 적절하다 3: 적절한 편이다 2: 부적절한 편이다 1: 부적절하다

17. 다음을 읽고 물음에 답하시오.

청소시간이었다. 나는 청소하기가 싫어서 빗자루만 들고 빈둥빈둥 놀면서 누구랑 장난이나 쳐볼까 하는 중이었다. 그런데 옆에서 보니 은주는 열심히 청소를 하고 있었다. 아이들이 하기 싫어하는 것도 찾아서 하는 것 같았다. 얼굴에 땀방울도 맺혀 있었다. 나는 우연히 은주와 눈이 마주쳤을 때, 나도 모르게 고개를 돌렸다.

지금 내가 은주에 대해 느끼고 있는 정서감정이 아닌 것은?

  가. 부끄러워하는 마음
  나. 미안해하는 마음
  다. 존경하는 마음

이 문항은 EMP-1-2의 평가기준에 비추어 볼 때

4: 적절하다
3: 적절한 편이다
2: 부적절한 편이다
1: 부적절하다

18. 다음을 읽고 물음에 답하시오.

지금은 시험시간이다. 나는 우연히 친구 두 사람이 쪽지를 주고받으며 부정행위를 하는 것을 보게 되었다. 그런데 나는 내가 부정행위를 하는 것도 아닌데, '저러다가 들키면 어쩌려고!' 하는 생각과 함께 몰래 선생님을 쳐다보곤 했다.

지금 내가 느끼고 있는 정서감정은 무엇일까?

  가. 무서움
  나. 불안감
  다. 정의감

이 문항은 EMP-1-3의 평가기준에 비추어 볼 때

4: 적절하다
3: 적절한 편이다
2: 부적절한 편이다
1: 부적절하다

19. 다음을 읽고 물음에 답하시오.

나는 수학을 싫어한다. 우리 반 아이들도 대부분 수학을 싫어한다. 그런데 지난 주말에 수학숙제가 있었다. 나는 숙제를 하지 않았다. 그리고 대부분 다른 아이들도 나처럼 숙제를 하지 않을 것으로 생각했다. 그러나 오늘 수업시간에 보니 숙제를 해오지 않은 사람은 우리 반에서 나뿐이었다.

지금 내가 느끼고 있는 정서감정이 아닌 것은?

  가. 태연함, 자부심
  나. 놀라움, 배신감
  다. 후회, 두려움

이 문항은 EMP-1-4의 평가기준에 비추어 볼 때

 4: 적절하다
 3: 적절한 편이다
 2: 부적절한 편이다
 1: 부적절하다

20. 다음을 읽고 물음에 답하시오.

청순한 이미지로 팬들의 사랑을 받아왔던 배우 김 양은 마약복용 혐의로 검찰에 구속되었다. TV 뉴스에 비춰진 그녀는 외투로 얼굴을 가린 채 고개를 들지 못했다.

이때 김 양이 느끼고 있는 정서감정으로 볼 수 없는 것은?

  가. 후회
  나. 창피함
  다. 무서움

이 문항은 EMP-2-3의 평가기준에 비추어 볼 때

 4: 적절하다
 3: 적절한 편이다
 2: 부적절한 편이다
 1: 부적절하다

21. 다음을 읽고 물음에 답하시오.

환경 미화원인 박씨는 골목길에서 쓰레기를 가득 실은 수레를 끌고 가고 있었다. 그런데 갑자기 바퀴가 무엇에 걸렸는지 수레가 움직이지를 않는다. 사람들은 고약한 냄새 때문에 코를 막고 재빨리 지나쳐 버린다. 시간이 지나자 골목길을 지나려는 차들이 길게 늘어섰다. 어떤 운전자들은 빨리 길을 비켜주지 않는다고 시끄럽게 경적을 울려댄다.

이때 박씨가 느끼고 있는 정서감정으로 볼 수 없는 것은?

 가. 미안함
 나. 당황함
 다. 불안감

이 문항은 EMP-2-4의 평가기준에 비추어 볼 때

 4: 적절하다
 3: 적절한 편이다
 2: 부적절한 편이다
 1: 부적절하다

22. 다음을 읽고 물음에 답하시오.

영호네 반에서는 두 사람이 한 조가 되어 일주일씩 학급 주번을 하고 있다. 영호는 이번 주에 용걸이와 한 조가 되어 주번 활동을 하게 되었다. 그런데 지난 나흘 동안은 용걸이가 게으름을 피워서 영호는 주번 활동을 혼자서 다하다시피 했다. 화가 난 영호는 용걸이에게 '오늘은 네가 다 해!'라고 말하고는 운동장에 나가 아이들과 축구를 했다. 다음 날이었다. 선생님은 영호에게 주번활동을 성실하게 하지 않는다며 벌을 주셨다. 어제 영호가 운동장에서 축구하는 것을 보신 모양이다. 영호는 말없이 눈물만 흘렸다.

이때, 영호가 느끼고 있는 정서감정은 무엇일까?

 가. 선생님에 대한 야속함과 억울함
 나. 자신의 잘못에 대한 반성과 뉘우침
 다. 용걸이에 대한 원망과 후회

이 문항은 EMP-2-2의 평가기준에 비추어 볼 때

 4: 적절하다
 3: 적절한 편이다
 2: 부적절한 편이다
 1: 부적절하다

23. 다음을 읽고 물음에 답하시오. 철수는 입학시험 날 아침에 택시를 타고 고사장으로 가고 있었다. 그런데 잘 달리던 차가 교통체증으로 도로 한가운데서 움직일 줄 모르고 서 있다. 철수는 지각을 하여 금년에 시험을 보지 못하게 될지도 모른다는 생각이 들었다. 이때, 철수가 느끼고 있는 정서감정은 무엇일까? 　가. 짜증 　나. 후회 　다. 초조	이 문항은 EMP-2-1의 평가기준에 비추어 볼 때 4: 적절하다 3: 적절한 편이다 2: 부적절한 편이다 1: 부적절하다
※ 다음(24~28)을 읽고 당신이 '맞다'고 알고 있는 것에 ○표를 하시오. **24.** 담배를 피우는 사람은 피우지 않는 사람보다 건강이 나빠질 가능성이 크다. 　가. 그렇다. 　나. 아니다. 　다. 별 차이가 없다.	이 문항은 GIG-1-KF-1의 평가기준에 비추어 볼 때 4: 적절하다 3: 적절한 편이다 2: 부적절한 편이다 1: 부적절하다
25. 오토바이를 타고 가까운 거리를 갈 때에는 안전모를 안 써도 된다. 　가. 그렇다. 　나. 아니다. 　다. 써도 되고 안 써도 된다.	이 문항은 GIG-1-KF-1의 평가기준에 비추어 볼 때 4: 적절하다 3: 적절한 편이다 2: 부적절한 편이다 1: 부적절하다

26. 고아원에 있는 아이들은 도와주는 사람들이 많기 때문에 잘산다. 가. 그렇다. 나. 아니다. 다. 고아원에 따라 다를 것이다.	이 문항은 GIG-1-KF-3의 평가기준에 비추어 볼 때 4: 적절하다 3: 적절한 편이다 2: 부적절한 편이다 1: 부적절하다
27. 언제든 정직하게 말하는 것이 자신에게 불리할 때는 거짓말을 해도 괜찮다. 가. 그렇다. 나. 아니다. 다. 잘 모르겠다.	이 문항은 GIG-1-KF-2의 평가기준에 비추어 볼 때 4: 적절하다 3: 적절한 편이다 2: 부적절한 편이다 1: 부적절하다
28. 영희네 반에서는 아무도 영희와 함께 놀지도 않고, 점심을 먹지도 않고, 짝꿍이 되는 것도 싫어한다. 영희는 따돌림을 당하고 있다. 가. 그렇다. 나. 아니다. 다. 잘 모르겠다.	이 문항은 GIG-1-KF-3의 평가기준에 비추어 볼 때 4: 적절하다 3: 적절한 편이다 2: 부적절한 편이다 1: 부적절하다
29. 태영이는 책을 한 권 사려고 시내에 있는 큰 서점에 갔으나 구할 수가 없었다. 그래서 도서관에 있는 책을 슬쩍 가져왔다. 그런데 그는 그 책이 꼭 필요해서 다시 갔다 놓을 생각이 없다. 이 경우 당신은 태영이가 도둑질을 했다고 생각하는가? 가. 그렇다. 나. 아니다. 다. 잘 모르겠다.	이 문항은 GIG-1-KF-2의 평가기준에 비추어 볼 때 4: 적절하다 3: 적절한 편이다 2: 부적절한 편이다 1: 부적절하다

30. 당신은 중학교에 들어가면서 몸의 이상한 변화를 느끼기 시작했다. 어렴풋이 사춘기의 생리현상이 아닌가 생각하지만 잘 알 수가 없다. 이에 대해 누구에게 물어보아야 잘 알 수 있을까? 가. 사회 선생님 나. 생물 선생님 다. 국어 선생님	이 문항은 GIG-1-KS-1의 평가기준에 비추어 볼 때 4: 적절하다 3: 적절한 편이다 2: 부적절한 편이다 1: 부적절하다
31. 결석에 관한 학교 규칙을 잘 모를 때, 누구에게 물어보아야 잘 알 수 있을까? 가. 반장 나. 교장 선생님 다. 담임 선생님	이 문항은 GIG-1-KS-2의 평가기준에 비추어 볼 때 4: 적절하다 3: 적절한 편이다 2: 부적절한 편이다 1: 부적절하다
32. 스승의 날이 다가오고 있다. 모교를 떠나 지 오래된 옛 은사님께 문안을 드리고 싶다. 그런데 지금 어느 학교에 근무하시는지 알지 못한다. 이에 대해 어디에 또는 누구에게 물어보아야 잘 알 수 있을까? 가. 교육청 나. 선배 다. 동기생	이 문항은 GIG-1-KS-2의 평가기준에 비추어 볼 때 4: 적절하다 3: 적절한 편이다 2: 부적절한 편이다 1: 부적절하다
33. 소풍 날 아침인데 간간이 비가 내리고 있다. 소풍지로 가야 할지 학교로 가야 할지 잘 모를 때, 어디에 또는 누구에게 물어보아야 할까? 가. 학교 나. 기상청 다. 부모님	이 문항은 GIG-1-KS-2의 평가기준에 비추어 볼 때 4: 적절하다 3: 적절한 편이다 2: 부적절한 편이다 1: 부적절하다

34. 우리 집에 결혼식이 있었다. 집안 어른들이 많이 오셨다. 처음 뵙는 분들도 있었다. 나는 서로 간에 촌수도 잘 모르고 호칭도 어떻게 해야 하는지 잘 몰랐다. 이에 대해 누구에게 물어보아야 잘 알 수 있을까? 가. 삼촌 나. 할아버지 다. 어머니	이 문항은 GIG-1-KS-2의 평가기준에 비추어 볼 때 4: 적절하다 3: 적절한 편이다 2: 부적절한 편이다 1: 부적절하다
35. 소년소녀 가장의 소식을 들었다. 당신은 그들을 돕고 싶다. 그런데 그들이 어디에 살고 있는지 모른다. 어디에 물어보아야 그들이 있는 곳을 잘 알 수 있을까? 가. 동(면)사무소나 구(군)청 나. 학교 교무실 다. 파출소(지서)나 경찰서	이 문항은 GIG-1-KS-3의 평가기준에 비추어 볼 때 4: 적절하다 3: 적절한 편이다 2: 부적절한 편이다 1: 부적절하다
36. 다음을 읽고 물음에 답하시오. 당신은 군부대와 그리 멀지 않은 마을에 살고 있다. 어느 날 개천가에서 이상한 물체를 하나 발견했다. 영희는 지금까지 그 물체를 본 일이 없다. 그런데 얼마 전에 폭풍과 함께 비가 많이 내린 일이 있었고, 윗마을과 군부대에서는 집과 군사시설의 일부가 침수되었다는 말을 들은 일이 있다. 당신은 그 물체가 혹시 폭발물이 아닐까 생각했다. 그 물체가 폭발물인지 아닌지를 알 수 있으려면, 누구에게 또는 어디에 물어보아야 잘 알 수 있을까?	이 문항은 GIG-1-KS-1의 평가기준에 비추어 볼 때

가. 부모님이나 선생님 나. 면사무소나 동사무소 다. 지서(파출소)나 군부대	4: 적절하다 3: 적절한 편이다 2: 부적절한 편이다 1: 부적절하다
37. 당신은 어제 친구 경식이와 싸웠다. 그러나 나중에서야 당신이 잘못 알아서 싸우게 되었다는 것을 깨달았다. 그래서 그에게 사과를 하려 한다. 친구에게 사과하는 말로서 적절한 것은?	이 문항은 GIG-2-VC-1, 2의 평가기준에 비추어 볼 때
가. 경식아, 용서해다오. 나. 경식아, 미안하다. 다. 경식아, 내가 실수했다.	4: 적절하다 3: 적절한 편이다 2: 부적절한 편이다 1: 부적절하다
38. 당신은 지금 불의의 사고로 아버지가 돌아가신 친구 연희에게 위로의 말을 하려 한다. 친구를 위로하는 말로서 적절하지 않은 것은?	이 문항은 GIG-2-VC-1, 2의 평가기준에 비추어 볼 때
가. 연희야, 마음이 많이 아프겠구나! 어쩌면 좋으니. 나. 연희야, 슬픔이 크겠구나! 어떻게 위로의 말을 해야 할지 모르겠다. 다. 연희야, 너무 걱정하지 마! 힘내.	4: 적절하다 3: 적절한 편이다 2: 부적절한 편이다 1: 부적절하다
39. 당신은 학급회의에서 친구 지성이가 한 말이 옳지 않다고 생각했다. 그래서 그것을 지적해 주려 한다. 지적하는 말로서 적절한 것은?	이 문항은 GIG-2-VC-0의 평가기준에 비추어 볼 때
가. 지성아, 네가 한 말을 다시 한번 생각해 보면 어떻겠니? 나. 지성아, 다른 사람들은 그렇게 생각하지 않는데 왜 너만 그렇게 생각하니? 다. 지성아, 네가 한 말도 일리는 있지만, 이렇게도 생각할 수 있지 않겠니?	4: 적절하다 3: 적절한 편이다 2: 부적절한 편이다 1: 부적절하다

※ 다음을 읽고 아래의 물음(40-41)에 답하시오. 창미는 반장이다. 아침 조회시간에 담임선생님께서 새로 전학 온 병모를 소개하셨다. 조회가 끝난 후 창미는 병모에게 다음과 같은 말을 했다: 병모야, 네가 우리 학교에 전학 온 것을 환영한다. 더욱이 우리 반 급우가 된 것을 환영한다. 우리 함께 잘 지내며 열심히 공부하자.	
40. 이때 창미가 병모를 환영하는 말소리(음성)로서 적절하다고 생각하는 것은? 가. 친절한 소리로 말한다. 나. 씩씩한 소리로 말한다. 다. 애정 어린 소리로 말한다.	이 문항은 GIG-2-NVC-1의 평가기준에 비추어 볼 때 4: 적절하다 3: 적절한 편이다 2: 부적절한 편이다 1: 부적절하다
41. 위에서 환영하는 말을 할 때, 창미의 얼굴 표정으로 적절하다고 생각하는 것은? 가. 덤덤한 표정으로 말한다. 나. 반가운 표정으로 말한다. 다. 기쁜 표정으로 말한다.	이 문항은 GIG-2-NVC-2의 평가기준에 비추어 볼 때 4: 적절하다 3: 적절한 편이다 2: 부적절한 편이다 1: 부적절하다
※ 다음을 읽고 아래의 물음(42~43)에 답하시오. 우리 도(시)의 테니스 대표 선수로 전국 체전에 출전했던 형근이가 우승을 하고 돌아왔다. 그를 만났을 때 나는 다음과 같이 말했다. 형근아, 너 드디어 해냈구나. 우승을 축하한다.	

42. 이때 당신이 그를 축하하는 말소리(음성)로서 적절하다고 생각하는 것은? 가. 정다운 소리로 말한다. 나. 즐거운 소리로 말한다. 다. 큰 소리로 말한다.	이 문항은 GIG-2-NVC-1의 평가기준에 비추어 볼 때 4: 적절하다 3: 적절한 편이다 2: 부적절한 편이다 1: 부적절하다
43. 이때 당신이 그를 축하하는 얼굴 표정으로 적절하다고 생각하는 것은? 가. 웃는 표정으로 말한다. 나. 진지한 표정으로 말한다. 다. 부러운 표정으로 말한다.	이 문항은 GIG-2-NVC-2의 평가기준에 비추어 볼 때 4: 적절하다 3: 적절한 편이다 2: 부적절한 편이다 1: 부적절하다
※ 다음의 문제사태를 읽고 아래의 물음 (44~55)에 답하시오. 민선이는 아파트에 살고 있다. 이곳으로 이사 온 지도 벌써 2년여가 지났지만, 알고 지내는 사람은 별로 없다. 어느 날 민선이는 날씨가 화창해서 창문을 열고 밖을 내다보고 있었다. 그때 갑자기 주차장 쪽에서 둔탁하게 '쿵' 하는 소리가 들렸다. 그쪽을 바라보니 어떤 차가 후진을 하다가 뒤에 주차된 차를 받은 것이다. 주차장 주위에, 보이는 사람은 아무도 없었다. 이를 확인한 듯 그 운전자는 재빨리 정문 쪽으로 차를 몰고 가 버렸다. 그런데 그 차는 민선이에게 낯익어 보였다. 그렇다. 그 차는 분명히 앞집에 사는 아저씨의 차였다. 민선이는 그 아저씨가 그냥 가 버린 것에 대해 무언가 찜찜하다는 생각이 들었다. 그다음 날이었다. 민선이네는 저녁 식사를 하고 있었는데, 어머니가 어디서 들으셨는지 우리 동(棟) 끝에 사는 아주머니가 카센터에서 차를 수리하였는데 비용이 많이 들었다고 한다. 누가 차를 박아 찌그러뜨려	

놓고는 말도 하지 않고…, 본 사람이 아무도 없는지 말해 주는 사람도 없다면서 야박한 인심을 탓하였다고 한다. 아파트 경비실에 가서도 누가 차를 받았는지 경비원이 그런 것도 보지 못했느냐고 불평도 했다고 한다. 민선이는 어머니의 말씀을 듣고 난 후 고민에 빠졌다. 가해 차량이 앞집 아저씨의 차라는 것을 말해야 할지… 당신이 민선이라고 하자.	
44. 당신은 이 문제가 어떤 종류의 것이라고 생각하는가? 가. 교통 문제라고 생각한다. 나. 경제적 문제라고 생각한다. 다. 도덕적 문제라고 생각한다.	이 문항은 KRAT-1-RA-0의 평가기준에 비추어 볼 때 4: 적절하다 3: 적절한 편이다 2: 부적절한 편이다 1: 부적절하다
45. 당신이 그렇게 생각하는 이유는 무엇인가? 가. 교통사고가 발생했기 때문이다. 나. 아주머니가 차를 수리하는 데 돈이 들었기 때문이다. 다. 아저씨가 사실을 숨김으로써 문제에 관련된 사람들(아주머니, 아저씨, 나:민선)간에 갈등(이해관계)이 발생했기 때문이다.	이 문항은 KRAT-1-RA-1의 평가기준에 비추어 볼 때 4: 적절하다 3: 적절한 편이다 2: 부적절한 편이다 1: 부적절하다
46. 당신은, 이 문제는 누구의 입장(이익)을 고려해야 하는 상황으로 보는가? 가. 나(민선)의 입장(이익) 나. 나(민선), 아저씨, 아주머니 모두의 입장(이익) 다. 아주머니의 입장(이익)	이 문항은 KRAT-1-RA-2의 평가기준에 비추어 볼 때 4: 적절하다 3: 적절한 편이다 2: 부적절한 편이다 1: 부적절하다

47. 당신은 이 문제에 관련된 사람들의 마음(정서감정)이 어떠할 것으로 생각하는가? 가. 아주머니: 속상해한다. 아저씨: 불안해한다. 나(민선): 안타까워한다. 나. 아주머니: 속상해한다. 아저씨: 후회한다. 나(민선): 의기양양해한다. 다. 아주머니: 속상해한다. 아저씨: 태연해한다. 나(민선): 안타까워한다.	이 문항은 KRAT-1-TT-2의 평가기준에 비추어 볼 때 4: 적절하다 3: 적절한 편이다 2: 부적절한 편이다 1: 부적절하다
48. 당신은 이 경우에 어떻게 하는 것이 옳다고 알고 있는가? 가. 내가 직접 관련된 일이 아니므로 침묵해야 한다. 나. 어떻게든 가해자가 밝혀져야 하고, 그가 책임을 져야 한다. 다. 아저씨의 입장(이익)을 생각해 침묵해야 한다.	이 문항은 KRAT-1-TT-3의 평가기준에 비추어 볼 때 4: 적절하다 3: 적절한 편이다 2: 부적절한 편이다 1: 부적절하다
49. 당신은 어떻게 하는 것이 관련된 사람들 모두의 입장(이익)을 고려하는 것이라고 생각하는가? 가. 가해자가 아저씨라는 것을 아파트 관리사무소에 알린다. 나. 아주머니에게 아저씨가 가해자라는 것을 직접 말한다. 다. 아저씨에게 내가 목격자임을 밝히고, 아주머니에게 자백하도록 권유한다.	이 문항은 KRAT-1-TT-1의 평가기준에 비추어 볼 때 4: 적절하다 3: 적절한 편이다 2: 부적절한 편이다 1: 부적절하다

50. 당신은 이 사태에서 어떤 판단(결정)을 하겠는가?	이 문항은 KRAT-1-OPU-0의 평가기준에 비추어 볼 때
가. 아저씨의 입장(이익)을 고려하는 판단을 한다. 그러므로 침묵한다. 나. 관련된 사람 모두의 입장(이익)을 고려하는 판단을 한다. 그러므로 아저씨에게 내가 목격자임을 밝혀서 아주머니에게 자백하도록 권유한다. 다. 아주머니의 입장(이익)을 고려하는 판단을 한다. 그러므로 아주머니에게 아저씨가 가해자라는 것을 직접 말한다.	4: 적절하다 3: 적절한 편이다 2: 부적절한 편이다 1: 부적절하다
51. 당신이 그렇게 판단(결정)한 이유는 무엇인가?	이 문항은 KRAT-1-OPU-1의 평가기준에 비추어 볼 때
가. 아주머니의 입장(이익)을 우선적으로 고려해야 하기 때문이다. 나. 아저씨의 입장(이익)을 우선적으로 고려해야 하기 때문이다. 다. 관련된 사람들 모두의 입장(이익)을 우선적으로 고려해야 하기 때문이다.	4: 적절하다 3: 적절한 편이다 2: 부적절한 편이다 1: 부적절하다
52. 당신의 그러한 판단은 누가 그렇게 해야 한다는 판단인가?	이 문항은 KRAT-1-OPU-2, 3의 평가 기준에 비추어 볼 때
가. 내가 그렇게 해야 한다는 판단이다. 나. 내가 그렇게 해야 한다는 판단일 뿐 아니라, 나와 비슷한 상황에 있는 사람이라면 누구나 다 그렇게 해야 한다는 판단이다. 다. 내가 그렇게 해야 한다는 판단이지만, 나와 비슷한 상황에 있는 사람이라고 해서 다 그렇게 해야 한다는 판단은 아니다.	4: 적절하다 3: 적절한 편이다 2: 부적절한 편이다 1: 부적절하다

※ 당신(민선)이 위 '50'에서 아저씨에게 '아저씨가 가해자라는 사실을 자백하는 것이 좋겠다고 권유하는 판단을 했다'고 하자.	
53. 이 경우 당신이 실제로 아저씨에게 자백을 권유하는 말을 하면, 그가 당신을 미워할 수도 있고, 앞뒤 집에 살면서 입장이 난처해질 수도 있다는 생각이 들었다. 그래도 당신은 당신의 판단(결정)대로 행동하겠는가? 가. 그렇다. 나. 아니다. 다. 잘 모르겠다.	이 문항은 KRAT-2-2의 평가기준에 비추어 볼 때 4: 적절하다 3: 적절한 편이다 2: 부적절한 편이다 1: 부적절하다
54. 당신이 아저씨에게 '자백을 하는 것이 좋겠다'고 권유할 때, 그가 '이제 와서 내가 가해자라는 사실이 밝혀지면 내 체면이 엉망이 될 테니 눈감아달라'고 부탁할지도 모른다. 그래도 당신은 그에게 계속 자백을 권유하겠는가? 가. 그렇다. 나. 아니다. 다. 잘 모르겠다.	이 문항은 KRAT-2-1의 평가기준에 비추어 볼때 4: 적절하다 3: 적절한 편이다 2: 부적절한 편이다 1: 부적절하다
55. 당신은 당신의 판단(결정)대로 행동하려 했는데, 갑자기 '내가 직접 관련된 일도 아니고, 성가시고 귀찮은 일인데… 남의 일에 나설 필요가 뭐 있나… 에라 모르겠다, 모른 척 하는 것이 상수다'는 생각이 났다. 그래도 당신은 판단(결정)대로 행동하겠는가? 가. 그렇다. 나. 아니다. 다. 잘 모르겠다.	이 문항은 KRAT-2-3의 평가기준에 비추어 볼 때 4: 적절하다 3: 적절한 편이다 2: 부적절한 편이다 1: 부적절하다

나. 내용 타당도 평정척도에 따라 평정된 각 문항의 내용 타당도 점수는 다음의 〈표 4-6〉과 같은 내용 타당도 평정척도 답안지에 의해 계산되었다. 원점수의 총점은 220점 만점이다. 그러나 여기서는 원점수를 100점 만점으로 환산하여 사용하였다.

다. 이 내용 타당도 평정척도의 실시는 익명으로 이루어졌다. 그 이유는, 비록 교사인 평정자(評定者)들이 40여 시간에 걸친 워크숍에 참여하여 윌슨의 도덕성 요소에 대한 전문가적 식견과 소양을 갖추었다고는 하나, 그들의 나와의 관계는 '교수와 학생'의 관계이므로 교수가 제작·개발한 '도덕성 진단 검사' 도구에 대해 긍정적 내지는 동정적(?) 평가를 해야 하지 않겠는가라는 심리가 작용할 수 있다고 생각되었기 때문이다. 이를 우려해 나는 나의 존재가 그들이 하는 평정 작업에 어떤 심리적 영향을 미칠까봐 그 과정에 임석(臨席)하지 않았다.

라. 이렇게 실시된 25명의 '도덕성 진단 검사'에 대한 내용 타당도 평정점수는 평균 94.02점이었다. 나는 이 점수는 '도덕성 진단 검사'가 내용 타당도를 확보하였다고 말하기에 충분하다고 생각하였다.

〈표 4-6〉 내용 타당도 평정척도 답안지

문항 번호	평정 점수 4: 적절하다 3: 적절한 편이다 2: 부적절한 편이다 1: 부적절하다	문항 번호	평정 점수 4: 적절하다 3: 적절한 편이다 2: 부적절한 편이다 1: 부적절하다	문항 번호	평정 점수 4: 적절하다 3: 적절한 편이다 2: 부적절한 편이다 1: 부적절하다
1		20		39	
2		21		40	
3		22		41	
4		23		42	
5		24		43	
6		25		44	
7		26		45	
8		27		46	
9		28		47	
10		29		48	
11		30		49	
12		31		50	
13		32		51	
14		33		52	
15		34		53	
16		35		54	
17		36		55	
18		37		소계:	
19		38			
소계:		소계:		합계: 환산점수:	

성별: 나이: 실시 연월일:

이상에서와 같이 나는 두 가지 접근으로 '도덕성 진단 검사'에 대한 내용 타당도를 산출(?)하는 시도를 하였다. 하나는, 제작·개발자인 나 스스로가 윌슨의 도덕성 요소와 도덕교육론에 관한 전문가적 입장에서 '도덕성 진단 검사'는 내용 타당도를 확보하였다고 내린 주관적 판단이다. 다른 하나는, 3주 48시간에 걸쳐 25명의 현직 교사들과 워크숍의 형태로 구성·운영된 대학원 강좌를 통해 윌슨의 도덕성 요소에 대한 이른바 전문가를 양성하여 평정척도에 의해 그들이 평가한 점수에 따라 내린 객관적 판단이다.

  그러므로 이 '도덕성 진단 검사'는 윌슨의 도덕성 요소가 중심이 된 도덕성의 함양 정도를 측정하는 검사 도구로서 내용 타당도가 확보되었다.

제5장
'도덕성 진단 검사'와 실험연구 사례

이 장에서는 '도덕성 진단 검사'[29]를 사용하여 학생들의 도덕성 증진 효과를 알아본 실험연구 사례[30] 하나를 소개한다.

1. 연구의 가설[31]

연구의 가설은 '도덕성 진단 검사'의 전체 점수와 관련해서 주

---

29 '도덕성 진단 검사'는 이 책의 부록 3을 참고하기 바람.
30 이 사례는 나의 지도로 정 은광에 의해 이루어진 석사학위 논문 '도덕적 사고하기와 토의하기가 도덕성 증진에 미치는 효과―Wilson의 도덕교육방법을 중심으로'의 연구 결과다(2005. 2).
31 아래에 진술된 가설은 정은광의 논문에 진술된 것과 내용은 같으나 진술의 방식 및 표현은 다르게 했다.

가설이 설정되었다. 그리고 '도덕성 진단 검사'를 구성하는 4범주와 관련해서 4가지 하위 가설이 설정되었다. 이들은 다음과 같다.

가. 주 가설: 도덕적 '사고하기'와 '토의하기'[32]를 적용하여 수업을 한 실험집단은 그렇지 않은 통제집단보다 '도덕성 진단 검사'에 의해 측정된 전체 점수가 증진될 것이다.

나. 하위 가설:
(1) 도덕적 '사고하기'와 '토의하기'를 적용하여 수업을 한 실험집단은 그렇지 않은 통제집단보다 '도덕성 진단 검사'에 의해 측정된 제1범주(PHIL: 다른 사람을 나와 동등하게 고려하기)의 점수가 증진될 것이다.
(2) 도덕적 '사고하기'와 '토의하기'를 적용하여 수업을 한 실험집단은 그렇지 않은 통제집단보다 '도덕성 진단 검사'에 의해 측정된 제2범주(EMP: 사람들의 정서감정을 인식하기)의 점수가 증진될 것이다.
(3) 도덕적 '사고하기'와 '토의하기'를 적용하여 수업을 한 실험집단은 그렇지 않은 통제집단보다 '도덕성 진단 검사'에 의해 측정된 제3범주(GIG: 엄연한 사실적 지식 및 사회적 기술을 습득하기)의 점수가 증진될 것이다.
(4) 도덕적 '사고하기'와 '토의하기'를 적용하여 수업을 한 실험집

---

32 윌슨이 제시한 '사고하기'와 '토의하기'의 일반적 접근법은 이 책의 제7장과 제8장을 참고하기 바람.

단은 그렇지 않은 통제집단보다 '도덕성 진단 검사'에 의해 측정된 제4범주(KRAT: 도덕적 문제를 인식, 사고, 판단하여 행동하기)의 점수가 증진될 것이다.

2. 실험의 설계

실험 모형은 이질 통제집단 전후 검사 설계를 사용하여 다음의 〈표 5-1〉과 같이 설계하였다.

〈표 5-1〉 실험 설계 모형

| G1 | O1 | X | O3 |
| G2 | O2 | | O4 |

G1: 실험집단

G2: 통제집단

O1: 실험집단의 사전검사('도덕성 진단 검사')

O2: 통제집단의 사전검사('도덕성 진단 검사')

X: 수업 프로그램 투입('사고하기'와 '토의하기' 적용)

O3: 실험집단의 사후검사('도덕성 진단 검사')

O4: 통제집단의 사후검사('도덕성 진단 검사')

3. 연구의 대상

연구가설을 검증하기 위한 연구대상은 충남 예산군 소재 실업계 고등학교 제1학년 4학급 80명이었다. 이들 중 2개 학급 40명은 실험집단으로, 다른 2개 학급 40명은 통제집단으로 구성하였다. 이들 집단에서의 수업은 모두 창의적 재량활동 시간에 이루어졌다. 실험집단에서의 수업은 연구자 정은광에 의해 이루어졌고, 통제집단에서의 수업은 다른 동료 교사에 의해 이루어졌다. 이를 표로 제시하면 다음의 〈표 5-2〉와 같다.

〈표 5-2〉 연구 대상자 수

구분	학급수	남학생	여학생	계
실험집단	2학급	19	1	20
		20	0	20
통제집단	2학급	19	1	20
		19	1	20
계	4학급	77	3	80

4. 측정도구

정은광이 그의 연구에서 사용한 측정도구는 내가 개발한 '도덕성 진단 검사'이다(부록 3 참조). 이 검사 도구의 신뢰도와 내용 타당도는 이 책의 제4장에서 구체적으로 제시되었다. 그러나 이들을 여기서 다시 한번 간단히 요약하여 제시할 필요가 있다. 이 장(章)은 정은광의 논문을 요약한 것이기 때문이다. 중등학생 475명을 대상으로 실시한 검사의 신뢰도 지수는 다음과 같다.

제1범주(PHIL) 12개 문항의 내적 합치도, 즉 크론박(L. J. Cronbach)의 알파(α) 계수는 .36이다. 제2범주(EMP) 11개 문항의 크론박 알파는 .62이다. 제3범주(GIG) 20개 문항의 크론박 알파는 .69이다. 제4범주(KRAT) 12개 문항의 크론박 알파는 .74이다. 그리고 55개 문항 전체의 크론박 알파는 .83이다.

이처럼 '도덕성 진단 검사'의 신뢰도는 제1범주에서는 내적 합치도가 상대적으로 낮다. 제2범주와 제3범주에서는 확실한 신뢰도를 보이고 있다. 제4범주에서는 높은 신뢰도 지수를 보이고 있다. 그리고 55개 문항 전체의 내적 합치도도 높은 신뢰도 지수를 보이고 있다. 그러므로 이 검사는 전반적으로 신뢰도가 높은 것으로 확인되었다.

재검사 신뢰도 지수는 $p<.01$ 수준에서 $r=.72$이었다. 이는 3~6주 간격으로 104명의 동일한 피검사자들에게 실시한 검사 점수간의 적률 상관계수에 의해 계산된 지수다. 따라서 이 검사 도구의 재검사 신뢰도도 높은 것으로 확인되었다.

한편 이 '도덕성 진단 검사'에 대한 내용 타당도 평정 점수는 평균 94.02로 나타났다. 이 수치는 윌슨의 '도덕성 요소와 도덕교육'을 주제로 워크숍의 형태로 실시된 대학원 수업에 참여한 25명의 현직 교사들로부터 확보된 점수다. 이 워크숍은 3주 48시간에 걸쳐 이루어졌다. (이 내용 타당도 평정 점수가 어떻게 확보되었는가의 구성과 절차 및 방법에 관심이 있는 독자는 이 책의 제4장 제2절을 참조하기 바란다.)

5. 실험처치

가. 사전검사 실시

1) 일시: 2004년 6월 22일(50분간)
2) 대상: 실험집단 40명, 통제집단 40명
3) 내용: '도덕성 진단 검사'
4) 기타: '도덕성 진단 검사'의 내용 중 학생들이 이해하지 못하는 어휘가 있으면 손을 들게 하여 연구자가 개별적으로 답해 주었다. 그러나 검사 도중 서로 간에 의견을 주고받는 것은 연구 결과에 영향을 미칠 수가 있다고 생각되어 통제되었다.

나. 수업 프로그램 적용

1) 기간: 2004년 6월 1일부터 10월 31일까지
2) 수업 투입 횟수: 1회 50분씩 총 15회 실시

3) 적용: '사고하기'와 '토의하기' 프로그램[33]

다. 수업시간의 배정

수업시간의 배정은 〈표 5-3〉에서 보는 바와 같이, 실험집단은 사고하기 10시간, 토의하기 5시간을 실험처치하고 통제집단은 일반 수업을 하였다.

〈표 5-3〉 수업시간의 배정

월	순서(회)(시간)	실험집단	통제집단
6월	50분	사전검사	사전검사
6월	1회(50분)	도덕이란 무엇인가?(사고하기)	창의적 재량활동 실시 (금연교육, 성교육 등)
7월	2회(50분)	PHIL-HC(사고하기)	
7월	3회(50분)	PHIL-CC(사고하기)	
7월	4회(50분)	PHIL-RSF-PO(사고하기)	
7월	5회(50분)	PHIL-RSF-DO(사고하기)	
7월	6회(50분)	PHIL 종합(사고하기)	
8월	7회(50분)	EMP(사고하기)	
8월	8회(50분)	GIG(사고하기)	

---

33 이들 프로그램에 대한 구체적인 것은 정은광의 논문을 참고하기 바람.

8월	9회(50분)	KRAT(사고하기)	창의적 재량활동 실시 (금연교육, 성교육 등)
8월	10회(50분)	KRAT종합(사고하기)	
9월	11회(50분)	토의하기 안내하기	
9월	12회(50분)	토의하기 훈련1(파리대왕 시청)	
9월	13회(50분)	토의하기 훈련2(파리대왕 토의)	
9월	14회(50분)	토의하기(조별 토의)	
10월	15회(50분)	토의하기(일제 토의)	
10월	50분	사후검사	사후검사

사고하기는 제1범주(PHIL)에 6시간을, 제4범주(KRAT)에 2시간을 투입했다. 토의하기는 제4범주(KRAT)에 5시간을 투입했다. 제2범주(EMP)와 제3범주(GIG)에는 각각 한 시간씩 투입했다. 연구자가 EMP와 GIG에 시간배정을 적게 한 것은, 이들은 PHIL과 KRAT에 비해 접근이 상대적으로 쉽다는 판단에서였다.[34]

라. 사후검사 실시

1) 기간: 2004년 10월 13일(50분간)
2) 대상: 실험집단 40명, 통제집단 40명
3) 내용: '도덕성 진단 검사'

---

[34] 그러나 나는 EMP, 즉 '사람들의 정서감정을 인식하기'가 PHIL이나 KRAT에 비해 더 쉽다는 연구자의 판단에 동의하기 어렵다는 생각이 든다.

6. 통계 분석 방법

'도덕성 진단 검사'의 자료 분석 도구는 SPSS WIN 10.0 프로그램을 이용하였다. 사전검사에서는 t검정(t-test)을 하였다. 그러나 사후검사에서는 상관관계의 분석과 다변량 분산 분석(MANOVA)을 하였다.

7. 연구의 결과

가. 결과 및 해석

(1) 기초자료 분석

'도덕성 진단 검사'에 의해 측정한 실험집단과 통제집단의 사전검사 결과는 다음의 〈표 5-4〉와 같다.

〈표 5-4〉에서 보는 바와 같이 실험집단에서의 제2범주(M=12.75), 제3범주(M=14.50), 제4범주(M=16.10), 총점(M=57.45)[35] 각

---

[35] 연구자 정은광은 내가 개발한 '도덕성 진단 검사'를 측정도구로 사용하면서 총점을 90점 만점으로 하여 사용하였다. 그러나 내가 본래 제시한 '도덕성 진단 검사'의 총점은 100점 만점이다. 4범주 55개 문항의 실제 점수의 합계는 90점이지만, 나는 이에 10점을 기본점수로 부여하여 100점 만점으로 하였다. 내가 10점을 기본점수로 부여한 이유는 55개 문항으로 구성된 이 '도덕성 진단 검사'에 의해 측정되지 않는 도덕성의 부분이 있을 수 있

각의 평균점수는 통제집단에서의 제2범주(M=13.20), 제3범주(M=14.96), 제4범주(M=16.30), 총점(M=57.78) 각각의 평균점수보다 낮게 나타났다. 그리고 실험집단에서의 제1범주(M=14.10)의 평균점수는 통제집단에서의 제1범주(M=13.30)의 평균점수보다 높게 나타났다. 그러나 p<.05 수준에서 두 집단간에 통계적으로 의미 있는 차이는 없다.

따라서 실험처치 전 실험집단과 통제집단은 사전검사 결과 제1범주(PHIL), 제2범주(EMP), 제3범주(GIG), 제4범주(KRAT), 그리고 총점에서 비슷한 수준이다.

〈표 5-4〉 실험집단과 통제집단의 사전검사 평균차이 분석

구분	집단	N	M	SD	t
제1범주(PHIL)	실험집단	40	14.10	3.65	.673
	통제집단	40	13.30	6.57	
제2범주(EMP)	실험집단	40	12.75	4.31	-.487
	통제집단	40	13.20	3.94	
제3범주(GIG)	실험집단	40	14.50	2.52	-.845
	통제집단	40	14.96	2.51	
제4범주(KRAT)	실험집단	40	16.10	5.22	-.170
	통제집단	40	16.30	5.29	

다고 생각해서 이다. 그러나 90점 만점으로 하든, 100점 만점으로 하든 연구결과에 미치는 영향에는 차이가 없는 것으로 알고 있다.

총점	실험집단	40	57.45	9.85	-.139
	통제집단	40	57.78	10.96	

(2) 가설의 검증

(가) 주 가설: 도덕적 '사고하기'와 '토의하기'를 적용하여 수업을 한 실험집단은 그렇지 않은 통제집단보다 '도덕성 진단 검사'에 의해 측정된 전체 점수가 증진될 것이다.

(나) 하위 가설:
① 도덕적 '사고하기'와 '토의하기'를 적용하여 수업을 한 실험집단은 그렇지 않은 통제집단보다 '도덕성 진단 검사'에 의해 측정된 제1범주(PHIL: 다른 사람을 나와 동등하게 고려하기)의 점수가 증진될 것이다.
② 도덕적 '사고하기'와 '토의하기'를 적용하여 수업을 한 실험집단은 그렇지 않은 통제집단보다 '도덕성 진단 검사'에 의해 측정된 제2범주(EMP: 사람들의 정서감정을 인식하기)의 점수가 증진될 것이다.
③ 도덕적 '사고하기'와 '토의하기'를 적용하여 수업을 한 실험집단은 그렇지 않은 통제집단보다 '도덕성 진단 검사'에 의해 측정된 제3범주(GIG: 엄연한 사실적 지식 및 사회적 기술 습득하기)의 점수가 증진될 것이다.
④ 도덕적 '사고하기'와 '토의하기'를 적용하여 수업을 한 실험집단

은 그렇지 않은 통제집단보다 '도덕성 진단 검사'에 의해 측정된 제4범주(KRAT: 도덕적 문제를 인식, 사고, 판단하여 행동하기)의 점수가 증진될 것이다.

위 가설들을 검증하기 위해 '도덕성 진단 검사'에 의해 실험집단과 통제집단의 사후검사가 실시되었다. 먼저 네 범주 각각의 상관관계와 이들의 총점과의 상관관계를 분석한 것을 제시하면 다음의 〈표 5-5〉와 같다.

〈표 5-5〉 범주 간과 범주와 총점 간의 상관관계 분석(N=80)

범주	제1범주	제2범주	제3범주	제4범주	총점
제1범주 (PHIL)	1.000				
제2범주 (EMP)	.200	1.000			
제3범주 (GIG)	.187	.174	1.000		
제4범주 (KRAT)	.448**	.131	.361**	1.000	
총점	.731***	.612***	.514***	.751***	1.000

** $p<.01$. *** $p<.001$.

〈표 5-5〉에서 보는 바와 같이 네 범주들 간의 상관관계에서 제1범주와 제4범주 간의 상관관계는 $p<.01$ 수준에서 $r=.45$이다. 즉 상관이 확실히 있다. 그러나 제3범주와 제4범주 간에는 $r=.36$이다. 즉 상관은 있지만 낮다. 그러므로 '도덕성 진단 검사'의 하위 범주들 간에는 일부에서 의미 있는 상관관계가 있음이 밝혀졌다. 이는 제4범주가 제1범주 및 제3범주와 의미 있는 정적 상관관계를 나타내고 있음을 시사한다.

한편 총점과 제1, 2, 3, 4범주 간에는 $p<.001$ 수준에서 각각 $r=.73$, $r=.61$, $r=.51$, $r=.75$로 비교적 높은 상관관계를 보여 주고 있다.

이처럼 범주들 간에 상관관계가 있다고 확인되었음으로, 이어서 사후검사 결과를 다변량 분산 분석(MANOVA) 방법을 사용하여 분석했다. 범주와 총점의 평균과 표준편차 및 다변량 분산 분석의 결과는 다음의 〈표 5-6〉과 같다.

〈표 5-6〉에서 보는 바와 같이 총점에서 실험집단의 평균(M=65.45)은 통제집단의 평균(M=58.63)보다 높게 나타냈다. 이는 통계적으로 $p<.01$ 수준에서 의미 있는 차이다. 제1범주의 평균은 실험집단(M=17.30)이 통제집단(M=13.85)보다 높게 나타났다. 이는 통계적으로 $p<.001$ 수준에서 의미 있는 차이다.

〈표 5-6〉 사후검사 점수의 차이 분석

범주	실험집단(n=40)		통제집단(n=40)		F	n^2
	M	SD	M	SD		
제1범주(PHIL)	17.30	3.69	13.85	4.40	14.42***	.156
제2범주(EMP)	13.30	4.94	12.25	4.30	1.03	.013
제3범주(GIG)	15.50	2.25	15.53	2.00	.00	.000
제4범주(KRAT)	19.35	4.33	17.00	4.86	5.21*	.063
총점	65.45	10.51	58.63	9.66	9.14**	.105

Wilks λ= .82(F=4.14**) n^2 = .105

*p<.05 **p<.01 ***p<.001

제4범주의 평균은 실험집단(M=19.35)이 통제집단(M=17.00)보다 높게 나타났다. 이는 통계적으로 p<.05 수준에서 의미 있는 차이다.

다음으로, 역시 〈표 5-6〉에서 보는 바와 같이 단순 분산 통계치(F)와 설명 분산(n^2)을 통해 '사고하기'와 '토의하기'의 주 효과 및 종속변수의 설명 분산을 확인해 보면 제1범주에서는 15%, 그리고 제4범주에서는 6%의 의미 있는 차이가 있는 것으로 보아, 실제적인 실험 효과가 확인되었다.

이상의 분석 결과에 의하면, 주 가설(도덕적 '사고하기'와 '토의하기'를 적용하여 수업을 한 실험집단은 그렇지 않은 통제집단보다 '도덕성 진단 검사'에 의해 측정된 전체 점수가 증진될 것이다)은 긍정되었다.

한편 하위 가설 중 ①과 ④는 긍정되었다. 즉 "도덕적 '사고하기'와 '토의하기'를 적용하여 수업을 한 실험집단은 그렇지 않은 통제집단보다 '도덕성 진단 검사'에 의해 측정된 제1범주(PHIL: 다른 사람을 나와 동등하게 고려하기)의 점수가 증진될 것이다"와 "도덕적 '사고하기'와 '토의하기'를 적용하여 수업을 한 실험집단은 그렇지 않은 통제집단보다 '도덕성 진단 검사'에 의해 측정된 제4범주(KRAT: 도덕적 문제를 인식, 사고, 판단하여 행동하기)의 점수가 증진될 것이다"는 긍정되었다.

그러나 ②와 ③은 부정되었다. 즉 "도덕적 '사고하기'와 '토의하기'를 적용하여 수업을 한 실험집단은 그렇지 않은 통제집단보다 '도덕성 진단 검사'에 의해 측정된 제2범주(EMP: 사람들의 정서감정을 인식하기)의 점수가 증진될 것이다"와 "도덕적 '사고하기'와 '토의하기'를 적용하여 수업을 한 실험집단은 그렇지 않은 통제집단보다 '도덕성 진단 검사'에 의해 측정된 제3범주(GIG: 엄연한 사실적 지식 및 사회적 기술 습득하기)의 점수가 증진될 것이다"는 부정되었다.

나. 논의

앞 항(項)에서 살펴본 바와 같이 주 가설은 긍정되고, 하위 가설 중 ①과 ④는 긍정되었는 데 비해 ②와 ③이 부정된 원인 내지는 이유를, 연구자 정은광이 추론한 바에 따라 제시하면 다음과 같다.

첫째, 주 가설의 긍정은 도덕적 '사고하기'와 '토의하기'가 일반적으로 도덕성의 증진에 영향을 미치고 있기 때문일 것이다.

둘째, 하위 가설 ①과 ④가 긍정된 것은 제1범주와 제4범주에 비교적 충분한 시간이 투입되었기 때문일 것이다. '사고하기'의 경우 이에 투입된 10시간 중 8시간이 제1범주(PHIL)와 제4범주(KRAT)에 할애되었다. 그리고 '토의하기'에 투입된 5시간도 모두 제4범주(KRAT)에 할애되었다.

셋째, 하위 가설 ②와 ③이 부정된 것은 제2범주와 제3범주에 충분한 시간이 투입되지 못했기 때문일 것이다. '사고하기'의 경우 제2범주(EMP)와 제3범주(GIG)에 투입된 시간은 각각 한 시간씩이었다. '토의하기'는 이들 범주에 할애되지 못했다.

더욱이 제2범주(EMP)인 '사람들의 정서감정을 인식하기'에는 도덕성의 성격상 더 많은 시간이 투입되었어야 했는데, 사정상 그렇게 하지 못한 것이 증진 효과에 영향을 미치지 못했다고 사료된다. 제3범주(GIG)인 '엄연한 사실적 지식 및 사회적 기술을 습득하기'도 도덕성의 성격상 많은 시간이 투입되었어야 했다. 전자의 경우, 이는 범위도 매우 넓다. 후자의 경우에는 많은 시간이 필요하다. 그러나 제한된 연구 기간과 수업으로 이루어지는 실험 집단에서의 처치가 어려워 충분히 다루지도 시간 투입도 이루어지지 못했다.

8. 결론

도덕적 '사고하기'와 '토의하기'는 '도덕성 진단 검사'에 의해 측정된 바에 의하면, 일반적으로 고등학교 학생들의 도덕성을 증진하는 도덕교육의 방법으로 효과가 있음이 밝혀졌다.

'도덕성 진단 검사'를 구성하는 하위 네 범주와 관련해서 '사고하기'와 '토의하기'는 제1범주(PHIL: 다른 사람을 나와 동등하게 고려하기)와 제4범주(KRAT: 도덕적 문제를 인식, 사고, 판단하여 행동하기)의 도덕성을 증진하는 도덕교육의 방법으로 효과가 있음이 밝혀졌다. 이에 비해 다른 범주, 즉 제2범주(EMP: 사람들의 정서감정을 인식하기)와 제3범주(GIG: 엄연한 사실적 지식과 사회적 기술을 습득하기)의 도덕성을 증진하는 도덕교육의 방법으로는 효과가 없다고 밝혀졌다. 그러나 이는, 연구자 정은광에 의하면 '사고하기'와 '토의하기'가 도덕교육 방법으로서 효과가 없는 것이어서 라기보다는 투입된 시간이 제1범주와 제4범주에 비해 너무 적었기 때문이다.

그러나 나는 이에 대해 다른 해석이 가능하다고 생각한다. 즉 투입된 시간이 양적으로 너무 적어서이기도 하겠지만, '사고하기'와 '토의하기'라는 도덕교육의 접근 방법은 그 자체가 '사람들의 정서감정을 인식하기'(EMP)와 '엄연한 사실적 지식 및 사회적 기술 습득하기'(GIG)라는 도덕성의 요소 내지는 범주들을 계발 또는 증진하는 접근 방법으로 충분한 것이 되지 못해서가 아닐까 하는 생각을 해 본다. 다시 말하면, EMP와 GIG를 증진하기 위해서는 다른 방법들, 즉 윌슨이 제시하는 도덕교육의 접근 방법으로서 '사고하기'와 '토의하기' 이외의 '가정 모형 적용하기'와 '계약 및 규칙 지키기'도 함께 적용되어야 할 것이라고 생각한다.

이를 위해 나는 제2부에서 학생들의 도덕성을 증진하는 데 사용할 수 있는 윌슨이 제시한 네 가지 도덕교육의 접근법 모두에 대해 각각을 장을 달리하여 살펴보고자 한다.

제2부

도덕교육 방법의 실제

제1부에서 이루어진 '도덕성 진단 검사' 도구 개발의 가장 주요한 취지 및 목적은, 제1장 검사 도구 개발의 의의에서 밝힌 바와 같이, 학생들의 도덕성 증진을 목적으로 하는 도덕교육의 과정에서 적용·활용하기 위한 것이다. 즉 학기나 학년 초에 사전검사로서, 그리고 학기말이나 학년말에 사후검사로서 활용하기 위한 것이다. 그러므로 '도덕성 진단 검사' 도구는 학기나 학년 중에 이루어지는 도덕교육에서는 직접적으로 활용되기 어렵다. 이 검사 도구는 도덕성의 증진을 목적으로 하는 도덕교육에서 도덕성의 함양 상태를 진단하는 검사 도구이지 도덕성 자체를 함양하는 방법은 아니기 때문이다. 이를 위해서는 도덕교육에서 적용·활용할 수 있는 구체적인 도덕교육의 방법이 있어야 한다. 그러할 때 교사는 학생들이 그들의 도덕성을 증진하는 일에 도움을 줄 수 있을 것이다.

제2부에서는 윌슨이 제시한 도덕교육의 방법론들을 중심으로 살펴본다.

제6장

학술적 도덕교육과 사회적 도덕교육

이 장에서는 윌슨이 도덕교육에서 논의하고 있는 교육적 목표 및 그 밖의 목표와 '도덕교육은 학술적인 것인가, 사회적인 것인가'에 대해 살펴본다.

1. 교육적 목표와 그 밖의 목표[36]

사람들 중에는 '학교에서 이루어지고 있는 것'은, 그것이 무엇이든 간에, 교육이라고 생각하는 사람들이 있다. 그러나 이것은 부

---

[36] 이 절은 남궁달화『도덕교육과 수행평가』pp. 39~41의 것을 일부 수정한 것임.

정확한 것이라고, 윌슨(1972)은 말하고 있다(p. 87). 잘 생각해 보면, 학교에서 이루어지고 있는 것 중에 우리가 '교육'이라고 부르고 싶지 않은 것들이 있다는 것을 알 수 있을 것이다. 우리는 학생들의 '이는 건강한가', '점심식사는 잘 하고 있는가', '수업시간에 거리를 배회하고 있지는 않은가' 등에 관심을 가지고 살펴본다; 이들 모두는 중요하다. 그러나 이러한 것들을 교육이라고 말할 수는 없다. 왜냐하면 그러한 것들은 학생들의 지식과 합리성을 계발해 주는 것, 즉 어떤 것을 학습하는 것이거나 교수하는 것은 아니기 때문이다.

도덕교육은 도덕적 영역에서 '도덕적 행동'을 위해 요구되는 지식 및 원리, 기술 및 능력, 태도 등과 같은 특정한 형식의 합리성을 계발하는 것이다. 우리는 교육적인 것과 '교육과 무관한' 것을 구별할 수 있어야 한다. 윌슨(1972)은 다음과 같은 것들은, 비록 학교에서 이루어지고는 있으나, 교육과 무관한 일이라고 말한다(pp. 88~89):

가. 학생들을 거리나 노동시장 또는 성인 세계가 아닌 비교적 안전한 곳에서 감독을 하며 '단순히 공부하게' 하는 것.
나. 학생들에게 사회에 의해 요구되는 특정한 행동·유형을 교수하는 것.
다. 학생들을 사회에서 경제적으로 살아남을 수 있게 (또는 잘 살게) 하는 것; 또는 그들의 사회계층을 끌어 올릴 수 있는 기회를 주기 위한 것.

라. 학생들에게 사회가 요구하는 과제(전쟁, 과학기술 등)를 훈련시키는 것.

마. 학생들을 상급학교(예: 대학)에 입학할 수 있도록 선발하는 것.

이러한 것들에 대한 교육자로서의 우리의 관심은 본질적인 것은 아니다. 그러나 우리는 이들의 중요성을 이해해야 하고, 학교를 기획할 때 마음에 새겨두어야 한다; 왜냐하면 그렇지 않고서는 우리의 기획이 실제적이지 못할 수 있기 때문이다. 무엇보다도 우리는 언제 행정가들이 '교육'의 이름아래 저러한 것을 우리에게 요구하는가를 알 수 있어야 한다. 그들에게는 저러한 것을 요구할 권리가 있다; 또한 우리는 저러한 요구가 가지고 있는 힘도 알아야 한다. 그러나 우리는 저러한 것과 우리가 의미하는 교육을 혼동해서는 안 된다.

아마도 대부분의 교사는, 도덕교육은 교육과정 만에 의해 그것의 목적이 충분하게 성취될 수 없다는 것을 알고 있을 것이다. 우리가 도덕교육의 목적으로 제시하고 있는 '도덕성의 요소들' 중에서도 GIG(아마 EMP도)와 PHIL의 보다 인지적 측면만이 책상 위에서의 교수에 적합할 것이다. 그러나 나머지 요소들, 즉 PHIL의 다른 부분과 KRAT-1과 KRAT-2의 요소들을 계발하기 위해서는 역할극, 드라마, 음악, 모의사태 등과 같은 방법을 사용하는 것이 더 적합할 것이다. 그러나 이러한 요소들은 적합한 사회적 상황이 아니고서는 계발될 것 같지 않다.

교사는 마음속에 '교육과 무관한' 것이 아닌 교육을 다루고 있다는 점을 항상 간직해야 한다. 그러나 이 말이 교사가 '교육과 무관한 것'을 무시해도 된다는 뜻은 아니다. '교육과 무관한 것'은 사회적 요구와 밀접하게 관련되어 있고, 주로 교육의 전제조건으로 작용한다; 교사는 양자가 조화로운 관계를 가질 수 있도록 노력해야 한다. 그러므로 교사는 교육적 목표와 함께 그 밖의 목표에도 관심을 가져야 한다.

2. 도덕교육은 '학술적'인 것인가, '사회적'인 것인가[37]

도덕교육에 관심을 가지고 도덕교육을 해 본 경험이 있는 교사는, 만약에 도덕교육이 '학술적 방법(수업시간)'으로 이루어져야 하는지 '사회적' 조절(학교에서 좋은 '분위기' 조성)에 의해 이루어져야 하는지의 질문을 받는다면, 이 질문은 어이없는 것이라고 생각할 것이다. 그러나 사람들 중에는 그렇게 생각하지 않는 사람들도 있을 것이다.

'교육'을 '교실에서 이루어지고 있는 것'과 동의어로 생각하는 사람들은 '도덕교육'도 교육이므로 교실수업의 형식으로 이루어져야 한다고 생각할 것이다. 반면에 도덕성을(어떤 신비한 방식으로, 예를 들어) 아이들에게 '문질러 바르는' 것으로 생각하는 사람들은 직접적

---

[37] 이 절은 남궁달화 『도덕교육과 수행평가』 pp. 41~49의 것을 발췌, 수정, 보완한 것임

교수에 의해서는 도덕교육이 이루어질 수 없다고 생각할 것이다; 도덕성은 전적으로 '좋은 모범보이기', '옳은 종류의 전통 가지기', '좋은 학교 분위기' 등의 문제라고 생각할 것이다.

이 같은 두 가지 다른 생각은 상호간에 매우 민감하게 작용할 수 있다; 이것은 일종의 교조적인 것이 작용하는 것으로 볼 수 있기 때문이다. 그러나 윌슨(1972)은 이러한 것을 그의 도덕성 요소 방법에 의해 하나의 접근법으로 결합할 수 있다고 말한다(p. 93). 먼저, 윌슨(1972)이 논의하고 있는 현대 도덕교육 방법에 잔존하고 있는 교조적 경향에 대해 살펴보자(pp. 94~97):

첫째, 학자들 중에는 교사의 '권위적 역할'이 도덕적 학습과 계발에 주요한 장애가 된다고 주장하는 사람들이 있다. 그들은 학생들이 교사를 신념과 가치를 명령하는 '권위자'로 지각하고 있다고 주장한다. 반면에 그들은 교사의 역할이 '권위적'이 아닌 '자유', '평등', '허용적', '민주적' 방식이 되어야 한다고 보고 있다. 심지어 어떤 사람들은 도덕적 문제의 토의과정에서 교사는 자신의 견해를 전혀 표현해서는 안 되는 '중립적 의장'으로서 역할 해야 한다고 주장하기도 한다; 학생들에게 이른바 '정답(?)'을 제시해서는 안 된다는 것이다.

물론 다른 영역의 합리적 사고, 행동에서와 마찬가지로 도덕에 있어서도 우리의 목표는 학생들의 자율성을 계발하는 것이다.[38]

---

[38] Wilson, Williams, Sugerman, *Introduction to Moral Education*(1967), 제1, 2장 참조

여기서 단지 '정답'을 제시하는 것은 수학 영역에서 만큼이나 교육적으로 부적당한 것이다. 그러나 이것이 교사는 '합리적 권위'가 없다거나 결코 '권위적 역할'을 해서는 안 된다는 뜻은 아니다. 정말이지, 우리가 진지하게 도덕교육에 대해 이야기해야 한다면, 우리의 목표는 부분적으로는 학생들에게 어떤 비합리적인 방식이 아니고 합리적인 방식으로 가르쳐야 하는 것이다. 만약에 우리가 도덕적 행동을 이끌 수 있는 적절한 방법론에 대한 아이디어와 도덕에서 성공과 실패에 대한 아이디어를 분명하게 가지고 있지 못하다면, 우리는 도덕교육을 할 수도 없을 뿐 아니라 해야 할 일도 없을 것이다. 우리의 토의는 진리, 옳음, 합리성을 문제 삼지 않는 난투극이 될 것이다. 물론 교사는 다른 유형의 사고에 있어서와 같이 학생들에게 단순히 복종하게 하기보다는 사고하게 해야 한다; 그러나 그는 그들에게 특정한 유형으로, 특정한 규칙과 준거에 따라 합리적으로 사고하게 해야 한다.

우리의 도덕성 요소로 보면, 학생들은 당연히 옳고 그름에 대해 그들 자신의 마음을 정해야 한다. 만약에 그러지 않는다면, '옳은', '그른', '마땅히' 등과 같은 말들은 규정적인 힘을 잃고, 그들에게 단지 '교사가 기대하는 것' 또는 '사회가 원하는 것'을 의미하는 것일 뿐이다. 그렇게 되면, 그들은 KRAT-1을 계발하지 못할 것이다; 그들의 판단과 결정을 행동으로 옮기지 못할 것이다. 또한 학생들은 다른 사람에 대한 관심(PHIL)이 정당화 가능한 도덕원리가 될 수 있는 이유를 스스로 볼 수 있어야 한다. 한편, 교사는 그러한 이유를 학생들에게 교수해야 한다. 그러기 위해서는 그것을 잘 가르칠 수 있는 '권위자'가 있어야 한다. '권위자'는 보통 사람보다 도덕적 사태에 대한 타당한 사실(GIG) 또는 다른 사람의 감정에 대한 타당한 사실(EMP)을 보다 분명하게 이해할 수 있어야 한다.[39]

그러므로 도덕 교육 및 다른 교육 영역에서 '교사는 "권위적" 역할을 하여야 하는가, 아니면 "민주적" 역할을 하여야 하는가'와 같은 질문을 하는 것은 어이없는 일이다. 왜냐하면 명백한 대답은 '그는 여러 가지 다른 역할을 해야 한다'이기 때문이다. 모든 것은 무엇을 가르치는가, 그 교수와 학습이 어떤 종류의 상황을 요구하는가에 달려 있다. 우리는 도덕성 요소 목록을 얼핏 보는 것만으로도 여러 상황이 요구된다는 것을 알 수 있을 것이다. 그러므로 교사에게 있어서는 이러저러한 상황에 적합할 수 있는 여러 가지 역할이 요구된다.

둘째, 어떤 사람들은 도덕학습에서는 '인위적'인 것은 효과가 없다; '실생활' 경험만이 효과가 있다; 아이들의 즉시적 관심으로부터 이끌어지거나 실제 생활사태로부터 발생되는 것만이 효과가 있다; 아이들은 '삶에 의해 배우고, 삶과 경험은 진정한 교사'라고 주장한다. 이에 대해 윌슨(1972)은, 이 말은 지나치게 인위적이거나 시대에 뒤진 교육유형에 대한 반응이라는 점에서 이해가 될 수는 있으나 일반적 이론으로서 이해하기는 어렵다고 말한다(p. 95).

---

[39] ibid., pp. 100~101.

만약에 우리가 저러한 말을 진지하게 받아들인다면, 우리는 전혀 아이들의 교육을 계획해서는 안 될 것이다. 단지 우리는 그들이 생활하고 경험하도록 놔둘 수밖에 없을 것이다.

그러나 저렇게 하면, 결국 어떻게 되는 것인가? 만약에 우리가 수학이나 역사 학습과 같은 도덕영역 밖의 것을 예로 생각해 본다면, 아이들을 그들의 '자연적' 경험을 넘어서 더 나아가게 하지 않고서 어떻게 그들에게 학습이 이루어질 것을 기대할 수 있는가? 물론 우리는 심리학적 이유로 그들의 학습이 '실생활' 사태로부터 시작될 수 있기를 원할 수 있다. 그러나 아이들에게 즉시적 '실생활'의 관심을 중지하거나 적어도 그것을 넘어서도록 하지 않고서는, 그리고 그 같은 관심 부분이 아닌 사실과 개념(예: 덧셈과 뺄셈에 대한 개념, 세기世紀에 의한 시간 측정, 그리고 '수학'과 '역사'가 의미하는 것을 생각할 수 있는 모든 것)을 이해하도록 격려하지 않고서는, 수학이나 역사 학습이 제대로 이루어질 수 있을 것으로 기대하기 어려울 것이다.

도덕 영역에서도 마찬가지다. 학생들에게 그들의 EMP를 향상시키고자 격려할 때, 우리는 그들의 아버지 또는 친구가 느끼고 있다고 생각하는 것 또는 교사가 그들에게 까다롭게 대하고 있다고 믿고 있는지 아닌지 등을 사용할 수 있을 것이다; 예시를 사용하거나 또는 사람들이 일반적으로 보여 주는 어떤 특정한 징후, 얼굴 표정, 행동 등을 사용하여 일반적 정서의 개념을 가르칠 수 있을 것이다. 이처럼 우리는 다른 사람의 감정 알아차리기(EMP)를 고려할 때, '실생활' 사태와 보다 '학술적' 학습 사태를 모두 사용해야 할 것이다.

셋째, 이른바 학생들의 '사회적 혼합'은 교사가 도덕교육을 하기 위해 필요하고 충분하다는 주장이다; 능력과 사회계층이 다른 여러 학생들을 단지 혼합하는 것만으로도 '민주적', '인류 평등적', '관대한', '관심을 가지는' 등의 학교 사회를 성취할 수 있다는 주장이다. (우리의 용어로 말하면, 학생들은 더 PHIL을 계발할 수 있다는 주장이다.) 이것은 학생들을 능력이나 사회계층에 따라 분리하면 여러 가지 편견 내지는 편협한 태도를 낳게 된다는 것을 함의한다.

그러나 윌슨(1972)은 이에 대한 경험적 증거가 없을 뿐 아니라 '사회적 혼합' 이론은 선험적으로 볼 때 주요한 점에 대한 정보를 별로 제공해 줄 것 같지 않다고 말한다(p. 97). 그러나 여기서 중요한 것은 가설을 설정하는 것이 아니라 PHIL을 가르치는 것은 그것의 성질상 어떤 교조적 가설이 허용하는 것보다 더 복잡하다는 것을 아는 일이다. 혼합 결과는, 그것이 무엇이든, 확실히 관련은 있을 것이다; 그러나 그것은 단지 PHIL의 학습을 가능케 하는 것일 뿐이다. 그러나 PHIL을 가진다는 것은 나와 피부색, 지능지수, 사회계층, 나이, 또는 머리 모양이 다른 사람의 존재에 '익숙케 하는 것'만이 아니다; 또한 그러한 사람들을 '이해하는 것'만도 아니다. PHIL은 다른 사람의 욕구와 바람을 나 자신의 것과 동등하게 생각하는 이유를 포함하는 것이다. 이것은 원리의 수준에서일지라도 단순한 '사회적 혼합'만으로 성취할 수 있는 것이 아니다.

학생들은 그들의 '학술적' 상황에서 무엇인가를 배울 것이다; 그러나 그것이 그들의 실제 행동에 전이될 것 같지는 않다; 반대로 그들은 등산이나 여행으로부터 특정한 행동 유형을 습득(아마도 어떤 의미에서 '학습')할 것이다; 그러나 만약에 그 상황이 순수하게 '사회적' 상황이라면, 그들은 도덕교육이 요구하는 이유와 원리를 이해하지 못할 것이다. 그들은 교실에서 다른 사람의 이익을 고려하는 것과 축구에서 역할을 다 하는 것을 배울 수 있다; 그러나 아직도 경기장 밖에서 그들의 행동에 영향을 미치는 PHIL의 일반화된 원리를 습득할 수는 없다. 교실 상황에서의 이유는 '실제적'이지 못하고 경험과 연결되어 있지 않다. 축구 상황에서는 전혀 이유가 제시되지 못할 수 있다; 또는 제시되더라도 (경기에 이기기 위해서) 잘못된 것일 수 있다.

윌슨(1972)은, 도덕교육을 할 때 교사는 한쪽 끝에는 '실생활' 그리고 다른 한쪽 끝에는 '이론적'인 여러 방법들의 범위에 관한 모습을 마음속에 간직해야 한다고 말한다; 다시 말하면, 도덕교육은 '학술적'인 것과 '사회적'인 것을 상호참조(cross-references)해야 한다는 주장이다(pp. 99~100). 그러나 우리가 지금까지 살펴본 것은 이 점에서 볼 때 충분하지 못하다. 교사는 여러 방법의 범위와 그것들이 요구하는 다양한 상황이 상호 연결되어 있다는 것을 확실하게 해야 한다. 여러 상황의 의미에 대한 분명한 모습을 가져야 한다. 이를 위해 교사는 도덕성 요소에 대한 이해를 가능한 한 확고하게 할 수 있어야 한다. 우리가 제시하고 있는 도덕성의 요소, 즉 PHIL, EMP, GIG, KRAT 등이 무엇을 의미하는가에 대한 적절한 이해는 교사가 가질 수도 있는 혼란을 방지시켜 줄 수 있을 것이다; 상황을 선택할 때 분명한 목적의 결여로부터 발생하는 실제적 혼란뿐 아니라 철학적 혼란과 비 효과성에도 대비시켜 줄 수 있을 것이다.

이것은 우리가 말하는 한 상황에서 다른 상황까지 '앞뒤를 참조'함으로써 이루어질 수 있다. 이를 위해서는 학생들을 여러 상황에 함께 놓이게 하는 방법을 발견해야 한다. 예를 들면, 수학여행을 할 때 '생활이 그들을 가르치게' 해야 할 뿐 아니라 여행 도중에 그들의 경험에 대해 토의하고, 그들이 어떻게 행동하는가를 사진 찍고 녹음하고, 어떤 일반적 원리가 나타나는가 등도 고려해야 한다. 우리는 그들에게 이웃을 사랑하라고 말해야 할 뿐 아니라 본보기, 책에 있는 실례, 영화, 실제 생활도 사용해야 한다; 우리는 그들에게 다른 사람의 역할과 이러한 예시를 스스로 행동하고, 모의사태에 참가하고, '실생활' 사태에 참여하게도 해야 한다.

'앞 뒤 상호참조'는 우리에게 모든 요소 계발에 영향을 미치는 상황의 사용을 가능케 해 줄 것이다; 그리고 만약에 우리가 '이론적·실생활' 차원에 따라 전체 범위에 걸친 상황을 사용한다면, 어떤 하나의 상황이 그 일을 할 수 있는지 아닌지에 대한 여러 가지 무익한 걱정을 하지 않아도 될 것이다. 예를 들어, '노인'을 도덕교육 주제의 일부로 사용한다고 생각해 보자. 우리는 아이들에게 노인들이 살고 있는 상황에 대한 '엄연한' 사실을 학습하게 할 수 있다(GIG); 왜 그들이 다른 사람들과 마찬가지로 중요한가를 이해하게 할 수 있다(PHIL); 노인들이 어떻게 느끼는가의 이해를 계발하게 할 수 있다(EMP); 그리고 결정을 위해 이 모든 요소들을 연결하게 할 수 있고(KRAT-1), 세상에 나가 그들을 돕고 이야기하게 하는 행동을 하게 할 수 있다(KRAT-2). 이러한 경험을 GIG, EMP, PHIL이 더 계발될 수 있는 보다 '학술적'인 상황에 되돌려 그들을 (예를 들어) 다과회나 학교를 도울 수 있는 일에 초청함으로써 다시 한번 '실생활' 사태를 되돌아보게 할 수 있다.

그러나 이렇게 할 수 있기 위해서는 학내에 '사회적 제도'(조직적 구조)가 있어야 한다; 왜냐하면 교실, 즉 '학술적' 상황은 충분한 것이 되지 못하기 때문이다. 이것은 다음의 문제를 이끌어 내 준다.

교사가 학생들에게 학습시키기를 원하는 것이 무엇인가, 즉 분명한 학습목표를 가지는 것은 절반의 성공이라고 할 수 있다; 그리고 어떤 방법으로 할 것인가, 즉 효과적인 방법을 아는 것은 다른 절반의 성공이라고 할 수 있다. 이것으로부터 학교의 사회적이고 조직적인 제도에서 어떤 변화가 있게 될 것인가에 대한 대부분의 결정이 이루어진다.

사회적 상황은 그 자체가 '교육적'인 것으로 간주되기 쉽다. 전통, 유행, 또는 행정적 편의가 우리의 생각을 지배하는 경향이 있다. 아마도 학교의 대부분의 사회적 특징 및 제도에 대한 책임은, 우리 쪽에 대한 어떤 진지한 반성에 있기보다는 이들 세 가지 경향 중의 이것 또는 저것에 있을 것이다. 우리는 교육을 '도덕교육적 관점'에서보다는 유행 또는 개인의 선입견적 애호의 관점에서 보는 경향이 있다. 우리는 흔히 학생들에게 인기 있는 것에 따라 움직인다; 때로는 옳게 그러나 반드시 그런 것은 아니다. 때로 우리는 '도덕적으로 교육된 사람'의 이상에 의해 판단하지 않고, 강한 사회적 법('오늘의 십대'는 반드시 '권위에 저항한다', '자신의 삶의 유형을 가지고 있다', '어른으로 취급되어야 한다', '전문적 권위의 사용을 기대할 수 없다' 등)으로 생각되는 관점에서 특정한 '오늘의 십대'의 모습에 동의하고 있다.

여기서도 역시 '권위적' 견해와 '허용적' 견해 간의 낡고 잘못된 이분법이 우리를 혼란스럽게 한다. 우리는 '시대에 뒤진' 방법이나 '허용적' 방법 간의 비합리적 변증법의 양쪽에 서 있는 우리 자신을 발견한다; 우리의 '보수적'이고 '우익적'인 것이 어떤 전통과 유형에 집착하기를 원하면 원할수록 '자유적'이고 '좌익적'인 것이 '참여', '자유' 등의 이미지에 의해 수행될 것이다. 우리는 우리 자신이 교육적이기 보다 빠르게 정치적이 되어가고 있음을 발견한다. 이 모든 것은 지극히 지리하다; 그러나 그것은 또한, 특히 현재의 교육연구에서, 지극히 널리 보급되어 있기도 하다; 우리는 그것에 저항할 필요가 있다.

우리가 만드는 사회적 제도가 어떤 의미를 가지든 간에 우리가 해야 할 모든 것은, 이 의미는 분명하게 진술된 교육적 과제로부터 이끌어진다는 것을 우리의 마음속에 분명하게 하는 것이다. 중요한 것은 하나가 다른 것으로부터 이끌어지는 논리이다. 예를 들어, 수업시간에 이야기하도록 학생들을 격려해야 하는지 아닌지, 또는 책상은 앞뒤로 의자는 둥글게 배열해야 하는지 아닌지에 대해 일반적인 입장에서 논의하는 것은 소용이 없다; 이러한 제도를 '참여는 좋고', '규율은 나쁘고', '민주적' 등으로 옹호하거나 공격하는 것은 전혀 의미가 없다. 문제는 이러한 제도를 만드는 과정에서 '우리가 무엇을 시도하는가?'이다. 만약에 우리가 시도하려는 것이 토의·기술(학생들이 동등하게 토의·논의하고, 서로에게 경청하고, 적절하게 대답을 하는 등의 역할 실습)을 가르치는 것이라면, 학생들이 이야기하도록 그들을 격려하고, 의자를 둥글게 배치하는 것은 좋은 아이디어라는 것이 어느 정도 논리적으로 이끌어질 것이다. 다른 한편, 만약에 우리가 시도하려는 것이, 가능한 한 빨리 그리고 효능적으로 학생들에게 어떤 정보를 제공하는 것이라면, 우리는 그들에게 이야기하도록 격려하지 않을 것이고, 교사가 앞에서 볼 수 있도록 책상을 앞뒤로 배열하는 것이 아마도 분별 있는 것일 것이다.

앞 절에서 우리는 '교육'을 구체적으로 알아차리기와 합리성, 즉 학습과 연결시키면서 교육적 목표와 그 밖의 목표를 구별했다. 한 아이가 괴로워하고 고통스러워하고 있을 때 그에게 무엇인가를 가르치려는 것은 별로 좋은 일이 못된다. 그러할 때에는 그를 의사에게 데려가고, 즐겁게 해 주어야 한다. 교사로서 우리는 아이들의 행복이나 고통으로부터의 해방 자체를 교육의 본질적 목적으로 추구하지는 않는다; 그러나 이런 것은 교육을 위한 전제조건이 된다.

교사는 교육에서 일차적으로 얼마나 많은 학습(교육)을 이루어낼 수 있는가에 관심을 가진다. 그는 의사도, 임상 심리학자도, 식

품공급자도, 행복을 파는 사람도 아니다. 그러나 그는, 어떤 전제조건들이 수립되어 있지 않다면, 효과적으로 교육할 수 있는 기회를 가지지 못할 것이다. 그러나 이 말이 아이들의 행복과 안정이 우리가 그들에게 얼마나 잘 교육할 수 있는가에 차이가 없다거나, 불행하고 불안정한 아이들은 효과적인 학습을 할 수 없다는 뜻은 아니다. 우리는 양자간의 절충을 꾀해야 한다. 그러나 절충하려는 것이 무엇이든 그것의 준거는 이 제도 또는 저 제도가 가장 많은 교육을 이끌어낼 수 있는지 아닌 지 이어야 한다.

윌슨(1972)은 교사와 학생이 강력한 정서적 관계를 가지는 것은, 그 자체가 '교육적으로 가치 있다'든가 또는 '교육을 위해서는 소용이 없으나 학생들의 행복, 정신건강 등을 위해서는 중요하다'고 말하기보다는 '교육을 위한 필요 전제조건'이라고 말해야 한다고 말한다(p. 103).

이 책의 나머지 장들에서는 교사가 학생들의 도덕성을 증진하는 데 사용할 수 있는 도덕교육의 방법들에 대해 살펴본다. 윌슨이 제시하는 도덕교육의 방법에는 사고하기, 토의하기, 규칙 지키기, 그리고 가정모형 적용하기가 있다. 그가 이처럼 방법으로 네 가지씩이나 제시하는 것은, 그의 도덕성 4범주 16요소에서 볼 수 있는 바와 같이, 다양하고 통합적인 그의 도덕성 요소들을 계발하기 위해서는 어느 한 가지 방법론에 의해서는 소기의 목적을 달성할 수 없다고 생각하기 때문이다.

아마도 대부분의 우리는, 아무리 단순하게 말하더라도 도덕성은 인지적, 정서감정적, 그리고 행동적 측면으로 구성된다는 데 동의할 것이다. 또한 도덕교육이란 학생들의 도덕성을 함양하는 일이라는 데에도 동의할 것이다. 그러할진대 어떻게 하나의 방법으로 통합적인 도덕성을 계발하는 도덕교육을 성공적으로 할 수 있겠는가? 이러한 맥락에서 윌슨은 도덕교육에서 이른바 만병통치약으로 작용하는 도덕교육의 방법, 즉 유일한 방법은 있을 수 없다고 말한다.

나는 제6장과 제7장에서 살펴보고자 하는 '사고하기'와 '토의하기'는 이른바 '학술적' 접근의 도덕교육 방법에 해당된다고 생각한다. 이에 비해 제8장과 제9장에서 살펴보고자 하는 '규칙 지키기'와 '가정모형 적용하기'는 이른바 '사회적' 접근의 도덕교육 방법에 해당된다고 생각한다.

제7장
사고하기[40]

이 장에서는 '도덕적 사고하기와 직접적 교수', '직접적 교수에 대한 이의와 장점', 그리고 '직접적 교수의 목적'으로 나누어 도덕성 요소를 계발하는 도덕적 사고하기 방법에 대해 살펴본다. 이어서 교사와 학생들 간에 이루어지는 문답으로 학생들의 도덕성 요소를 계발하는 직접교수법을 예시해 본다.

---

40 이 장의 제1~3절은 남궁달화 『도덕교육과 수행평가』 pp. 53~60의 것을 일부 수정한 것임. 그리고 직접 인용표시가 없는 윌슨의 대부분의 말은 그의 책 *Practical Methods of Moral Education*의 제1부 Moral Thinking(pp. 7~34)에서 발췌, 요약한 것임

1. 도덕적 사고하기와 직접적 교수

윌슨(1972)은, 교사가 도덕성 요소들을 수업에서 제시하고 그러한 것들을 학생들에게 이해시켜 길러 주려는 접근을 이른바 '직접적' 도덕교육 방법이라고 말한다. 왜냐하면 이 방법은 교사가 학생들에게 한 사람이 도덕적으로 교육되었다는 것이 무슨 뜻인가를 직접적이고 공개적으로 말하고, 그들에게 그 요소들을 도덕적 문제해결(즉 '그들이 마땅히 무엇을 해야 하는가')에 사용하기를 권유하기 때문이다. 그는 이 방법이 학생들의 도덕성을 계발시켜 줄 수 있다고 본다; 이 방법은 어떤 점에서 다르긴 하나, 다른 교과에서 다루어지는 주제들과 마찬가지로 교사에 의해 수업에서 직접적으로 다루어져야 한다고 본다(pp. 5~6).

윌슨(1972)이 제시하는 '직접적 도덕교육 방법'은 '도덕적 사고하기'이다. 그가 말하는 도덕적 사고하기란 '도덕성이 사고의 주제 또는 영역이 된다는 것을 의식적이고 명시적으로 학생들에게 인식시켜 도덕적 물음에 옳게 대답하는 데서 요구되는 기술, 기법, 특성을 깨닫게 하고 도덕적 문제해결을 연습시키는 방법이다(p. 5). 이러한 도덕적 사고하기는 다른 교과에서처럼 수업시간에 직접 다룰 수 있다. 그가 직접적으로 도덕적 사고하기를 수업시간에 다루어야 한다고 주장하는 것은 도덕적 문제를 잘못된 사고방식에 의해 결정하고 행동하는 사람들을 바로잡아 주기 위해서다. 그는 다음과 같은 것들을 잘못된 사고방식이라고 말한다:

가. '타인에 복종하기': '나는 무엇을 해야 하는가'의 문제에서 외부의 권위(신, 부모, 갱단의 지도자, 경전, 모택동 등이 말하는 것)에 따르는 것.

나. '자신에 복종하기': '나는 무엇을 해야 하는가'의 문제에서 죄의식이나 수치심, 금기(禁忌)의 감정, 개인의 '이상(멋진 여자, 불굴의 남자, 신사, 십대 등이 하는 것)'과 같은 내부의 감정이나 모습에 따르는 것.

다. '자아 고려하기': '나는 무엇을 해야 하는가'의 문제에서 '내가 보상을 받을지 벌을 받을지', '얻는 것이 있을지 잃는 것이 있을지', '내 처지가 나아질지 나빠질지'와 같은 자신의 이익이나 혜택을 따르는 것(1972, pp. 29~30).

윌슨(1972)은, 이러한 방식은 사람들이 그들의 행동에 대한 '이유'를 제시할 때 '정당화'의 의미에서는 전혀 이유가 되는 것으로 볼 수 없다고 말한다. 이러한 방식으로 사고하고 행동하는 사람들은 그들의 행동을 설명하거나 그들이 느끼는 것을 말하는 것일 뿐 '행동에 대한 정당화의 이유'는 될 수 없다는 것이다; 다시 말하면 그것은 '도덕적' 이유가 될 수 없다는 것이다(p. 30). 그는 사람들의 사고와 행동이 도덕적으로 정당화될 수 있으려면, 그가 제시하는 도덕성의 요소, 즉 PHIL이 고려되어야 한다고 말한다; 도덕적 정당화는 사람들의 욕망과 이익을 동등하게 고려해서 이루어져야 하기 때문이다.

2. 직접적 교수에 대한 이의(異意)와 장점

그러나 수업시간에 도덕적 사고하기를 직접 다루는 것에 대해 이의를 제기하는 사람들도 있다. 윌슨(1972)은 그들의 견해를 다음과 같이 정리한다:

첫째, 그들은, (과학, 역사 등과는 다르게) 도덕은 사고하기만이 아닌 행동에도 관심을 가지는 것이기 때문에 교실수업은 적절하지 않다고 말한다; 또한 도덕과 같은 '실제적'인 것에 '학술적'으로 접근하는 것은 잘못이라는 것이다. 그러나 윌슨은, 도덕교육에는 '어떤' 이론이 필요할 뿐 아니라 도덕성은 연습과 습관만의 문제가 아니므로 간접적 방법의 중요성이 직접적 방법의 중요성과 대립되는 것으로 생각되어서는 안 된다고 말한다.

둘째, 그들은 도덕적 사고하기의 교수는 나이든 사람이나 지능이 높은 학생에게만 적합할 것이라고 생각한다. 이에 대해 윌슨은 다음과 같이 말한다: 그들은 도덕성을 보통 사람들의 이해를 넘어서는 난해한 '추상적 추론'을 요구하는 것으로 생각하는 모양이나 그렇지 않다. 도덕적 사고하기에서 요구되는 추론유형은 어린 아이들도 잘 할 수 있다는 연구결과가 있다.[41] 그들은 도덕철학은 학자들이나 할 수 있는 것이라고 생각하는 모양이다; 그러나 윌슨은, 만약에 이러한 말들이 기본적 사고유형(즉 언어와 개념, 마음과 감

---

41 Norman과 Sheila Williams의 *The Moral Development of Children*(Macmillan, 1970)을 참조하기 바람

정, 인간의 사회 등)에 대한 사고를 의미하는 것이라면, 일반 학생들도 저러한 것들을 학습할 수 있는 기회는 충분히 있을 수 있고, 도덕성이 학생들에게 가르칠 수 없을 정도로 그들의 지혜를 넘어서는 것은 아니라고 말한다.

셋째, 그들은, 도덕성 방법론은 하나의 주제로서 가르칠 수 없다고 말한다. 왜냐하면 사람들이 그 방법론이 무엇인가에 대해 분명하지도, 동의하고 있지도 않기 때문이라는 것이다.

넷째, 그들은, 도덕성은 너무 순수하고 영적이고 무의식적인 것이어서 학생들에게 가르칠 수도 없고, 도덕수업에서 이른바 '정답'을 가르치고 시험을 본다는 것은 도덕성과 도덕적 덕의 전체적 개념을 실추시키는 것이라고 말한다. 이에 대해 윌슨은 도덕적 사고하기는 학생들에게 '정답' 자체를 가르치려는 것이 목적이 아니라 그들이 스스로 사용할 수 있는 방법론을 가르치려는 것이 목적이라고 말한다.

다섯째, 그들은 학교에서 수업시간을 따로 정해 '도덕성' 또는 '도덕교육'을 하는 것은 현명하지 못하다고 말한다(pp. 10~13); 왜냐하면 도덕성 또는 도덕 교육은 가정과 사회 그리고 학교 전체에서 이루어져야 하는 것이기 때문이다.

그러나 윌슨(1972)은 저러한 주장들이 정당한 근거가 있어 보이지 않는다고 말한다; 오히려 그는 도덕적 사고하기를 수업시간에 직접적으로 교수하지 않는다면, '어떻게 그들에게 도덕성의 요소와 도덕적 문제를 해결하는 방법을 가르칠 수 있겠는가'라고 묻는

다(p. 13). 그는 도덕적 사고하기의 직접적 교수를 '도덕적으로 교육된 사람'에게 논리적으로 요구되는 것으로 본다. 왜냐하면 도덕적으로 교육된 사람은 '특정한 방식으로 느끼고 행동해야 할 뿐 아니라 특정한 이유를 가지고 그렇게 해야 하기 때문이다.

윌슨(1972)은 직접적 교수로 이루어지는 도덕적 사고하기는 다음과 같은 몇 가지 장점을 가지고 있다고 말한다(pp. 7~10):

첫째, 이 방법은 정직하다. 직접적 방법은 교사에 의해 도덕교육의 목적이 학생들에게 직접 제시되지만 간접적 방법은 그렇지 않다. 그러므로 직접적 방법은 정직하다고 말할 수 있는 데 비해 간접적 방법은 그렇지 못하다. 간접적 방법은 도덕교육의 목적이 학생들에게 구체적으로 제시되지도 설명되지도 않는다. 이는, 간접적 방법은 부정직하고 신뢰하기도 어렵고 권위주의적이거나 주입적이 될 수 있음을 함의한다. 그러므로 교사가 도덕교육에서 '무엇을 시도하려 하는가'와 '도덕성을 주제로 어떻게 다룰 것인가'를 학생들에게 명시적으로 제시하는 것은 중요할 뿐 아니라 필요하다.

둘째, 이 방법은 전문적이다. 도덕적 사고하기는 '도덕적 문제에 대해 토의하기', '관심을 불러일으키기', '호기심을 자극하기', '넓은 해석을 인정하기(open-ended)' 등의 단계를 넘어서는 접근이다. 도덕적 사고하기는 직접적 접근에 의해서만이 이루어질 수 있다. 중요한 것은 가능한 한 학생들에게 전문적인 방식으로 이 방법론을 제시해야 하는 것이다.

셋째, 이 방법은 학생들이 매달릴 수 있는 무엇인가를 제공해 준다. 도덕적 사고하기는 이상, 교조, 믿음 등과 같은 용어를 사용하지 않는다; 구체적인 도덕적 또는 형이상학적 신념을 제공하려 노력하지도 않는다. 이것은 하나의 방법론을 제공하려는 것이다; 과학에서 물리세계의 본질에 대한 질문에 어떻게 대답하는가를 보여 주는 것처럼 이성적 존재로서 어떻게 학생들이 도덕적 문제를 확인하고 해결할 수 있는가를 보여 주려는 것이다. 이것은 학생들이 할 수 있는 것이고 매달려야 하는 것이다.

다른 사람이 나와 동등하다는 생각과 관심, 즉 PHIL을 학생들에게 계발시킨다는 것은 단지 그들을 서로가 '사이좋게 지낼 수 있게 하거나' 다른 인종 또는 외국인에 대한 '편견을 버릴 수 있게' 하는 것 이상을 의미한다. 이것은, 사람들은 누구나 각자 나름대로의 의지·욕망·목적·의도를 가지고 있고, 자유로운 선택을 하고, 언어를 사용한다는 사실과 관련이 있다. 이러한 점이 바로 우리가 사람들을 동등하게 생각해야 하는 정당한 이유다. 학생들은 다른 이유가 아닌 바로 이러한 이유에 의해 행동하는 것을 배워야 한다.

3. 직접적 교수의 목적과 방법

윌슨(1972)은, '만약에 우리가 이러한 것을 학생들에게 직접적으로 가르치지 않는다면(즉 명시적으로 저러한 이유를 제시하지 않는다면), 어떻게 그들이 그것을 배울 수 있겠으며, 우리가 원하는 만큼 빠르고 충분하게 배울 수 있겠는가'(p. 14)라고 묻는다; 이는 직접적 교수를 필요로 한다는 말이다. 그는 직접적 교수의 목적을 다음과 같이 제시한다(pp. 15):

가. 학생들에게 (과학적 사고 또는 다른 종류의 사고와 같이) 도덕적 사고도 당연히 하나의 진지한 연구 주제가 되며 도덕적 문제에 대한 옳고 그른 대답이 있다는 것과, 도덕적 사고에는 도덕적 행동과 감정에 대한 정당한 이유를 제공해 줄 수 있는 합리적 방법론이 있다는 것을 이해시킨다.
나. 학생들에게 그들이 일상생활에서 도덕적 문제사태에 부딪혔을 때, 스스로 사용할 수 있는 해결 기법을 가르쳐 준다.

그는 이외에 조금 다르기는 하나 밀접하게 관련된 몇 가지 목적을 다음과 같이 더 제시한다(1972, p. 15):

다. 학생들에게 부단한 연습에 의해 이 방법론을 사용하는 습관을 형성하도록 도와준다; 일상생활에서 그렇게 할 수 있도록 기회를 제공해 준다.

라. 학생들을 (또래집단, 권위 또는 '반권위'-反權威, 거짓된 자아이상 등에 의존하는) 잘못된 방법론으로부터 벗어나게 도와준다.

마. 도덕성 요소들의 논리를 명료화함으로써 어떤 요소가 자신에게 부족한가를 통찰할 수 있도록 도와준다; 특별한 경우에는 다른 사람에게 부족한 요소가 무엇인가를 통찰할 수 있도록 도와주기도 한다.

바. 학생들에게 그들이 부족한 도덕성 요소들이 무엇인가를 깨닫게 함으로써, 적어도 스스로가 그것을 계발할 수 있는 기회를 제공해 준다.

윌슨(1972)은 이러한 목적들을 직접적 방법에 의해 상당히 성취할 수 있다고 주장한다. 물론 이것은 그가 이 직접적 교수의 효과에 대한 경험적 주장을 하는 것은 아니다; 선험적 근거에서 그러하다는 것이다(p. 15).

윌슨이 도덕교육 방법의 고려에서 분명히 하고 있는 것은 '우리는 어떻게 사고하는가'가 아닌 '어떻게 사고해야 하는가'다. 즉 윌슨의 관심은 '사실적'인 데 있지 않고 '규범적'인 데 있다. 그러나 이 말이 도덕수업에서 '사람들이 실제로 어떻게 생각하는가'를 다루어서는 안 된다는 것은 아니다. 교사는 학생들에게 '어떻게 생각해야 하는가' 뿐 아니라 '어떻게 생각하는가'도 다루어야 한다. 그러나 그는 '실제로 생각하는 것'은 예시의 목적으로서만 필요하다고 말한다.

윌슨은 그의 도덕성 요소에 기초한 도덕적 사고하기를 직접적 교수로 학생들에게 제공할 때, 그들의 사고와 행동이 정당한 이유에 의해 이루어질 수 있도록 도와줄 수 있다고 말한다; 습관이나 충동, 두려움, 또는 조건화 등에 의해 우연히 옳은 행동을 하는 것이 아닌 도덕적 이유를 가지고 옳은 행동을 할 수 있도록 도와줄 수 있다고 말한다.

물론 우리는 학생들에게 무엇이 정당한 이유인가를 단순히 말하고 그것을 반복케 함으로써 그들을 가르칠 수 있는 것은 아니다. 그렇게 할 때 우리는 다만 앵무새 같이 되뇌게 하는 대답을 얻을 수는 있을 것이다. 우리는 그들에게 이러한 이유의 존재와 적절한 적용을 여러 가지 상황과 설명적 예시로서 보여줄 수 있어야 한다; 상황과 예시가 '실제적'이면 실제적일수록 더 좋을 것이다. 우리는 가능한 한 실제의 생활사태 속에서 이루어지는 결정에 가까운 상황을 적용해야 한다; 이를 잘 해 낼 수 있는 방법이라면, 우리는 그것이 어떤 것이라도 기꺼이 사용해야 한다. 우리는 여기서 현대적이고 '유행의 첨단을 걷는' 예시의 사용만을 의미하는 것이 아니다; 행위 하기, 역할극, 모의사태, 필름 사용, 비디오테이프 등의 사용도 의미하는 것이다. 아마도 아이들을 교실 밖으로 데리고 나가 그들에게 바깥세상의 사태, 또는 실제로 운영되고 있는 학교 사태, 또는 그들 자신의 가정 사태를 소개하는 것이 바람직할 것이다. 그러나 이러한 방법들은 학생들이 '언어에 의해' 우리가 지금까지 말해온 이유들을 이해하게 하는 것과 연결되지 않으면 안 된다; 이것은 단지 '흥미를 자극하는' 또는 '관심을 일으키는' 것과는 아주 다른 것이다.

'도덕적 사고하기'는 결국 그가 제시하고 있는 4범주 16개로 구성된 도덕성 요소들을 학생들에게 직접 설명하기 위한 방법이다. 이 말은 이상하게 들릴 수도 있다. 왜냐하면 '사고하기'와 '설명하기'는 비교적 다른 행위라고 생각될 수 있기 때문이다. 그러나 '윌슨의 도덕성 요소 설명하기'는 교사가 그것을 단순히 설명하고 학습자가 단순히 듣고 이해하는 것으로 이루어지는 것이 아니다. 윌슨의 도덕성 요소의 이해는 필연적으로 학습자에게 '도덕적 사고하기'를 요구한다. 이 '도덕적 사고하기'가 수반되지 않고서는 그의 도덕성 요소의 이해는 이루어지기 어렵다. 즉 '도덕성 요소 설명하기'와 '도덕적 사고하기'가 함께 작용할 때 '도덕성 요소 이해하기'는 이루어질 수 있다. 윌슨의 도덕성 요소 이해는 학생들이 실제 상황에서 자신의 인식의 추이를 검사하고 숙고하는 태도를 길러줄 수 있다. 더 나아가 도덕성 요소들을 활용하여 도덕적 문제를 해결하는 능력을 길러줄 수 있다.

4. 직접교수법의 예시

이 절에서는 윌슨이 제시한 도덕성 4범주 15요소 중에 '사람의 개념 알기(PHIL-HC)'를 예로 하여 교사와 학생 간의 문답식으로 이루어지는 직접교수법을 예시해 본다.

교사: 명선아, 너는 '도덕'[42]이 무엇이라고 생각하니? 너는 '도덕이란 무엇인가'의 질문을 받으면 대답할 수 있겠니?

명선: 글쎄요, 선생님….

교사: 명선아, 너는 어른들이 도덕을 무엇이라고 말하고 있는가를 들어본 일이 없니?

명선: 들어본 일은 있지만… 그리고 저 나름대로 도덕이 무엇인가를 이해하고 있기는 합니다. 그러나 막상 '도덕이 무엇인가'의 질문에 직접 답을 하려니 쉽지 않습니다.

교사: 그래, 사실 '도덕이 무엇인가'의 질문에 그것이 무엇이라는 개념을 정의하여 말하기는 쉬운 일이 아닐 것이다. 명선아, 혹시 지금 국어사전을 가지고 있니?

명선: 네, 마침 가지고 있습니다.

교사: 사전에 도덕이 무엇이라고 정의되어 있는가를 참고하는 것도 때로는 유용한데… 어디 한번 찾아보겠니?

명선: 네. 잠깐 만이오. 도덕이란 '사람으로서 마땅히 지켜야 할 도리(道理)'라고 풀이되어 있습니다. 아! 이제 생각납니다. 이런 말을 들은 적이 있습니다. 전에 선생님께서도 그렇게 말씀하셨던 기억이 납니다. 네, 도덕은 우리가 '사람으로서 마땅히 지켜야 할 도리'라고 생각합니다.

교사: 그래. 도덕이란 '사람이 사람으로서 마땅히 지켜야 할 도리'라고 할 수 있지. 그런데, 명선아, 여기서 '도리'란 무슨 뜻이니?

---

42 여기서 '도덕'은 '도덕성'이 아닌 '도덕규범'의 의미로 사용되는 도덕이다.

명선: 글쎄요, 도리란⋯ 사람이 마땅히⋯.

교사: 명선아, 다시 한번 국어사전을 찾아보는 게 어떻겠니?

명선: 네. 도리란 '사람으로서 마땅히 행하여야 할 바른 길'이라고 되어 있습니다. 그리고 또 '사물의 정당한 이치'라고도 되어 있습니다.

교사: 그래. 그렇다면, 도리란 사람의 입장에서 보면 '마땅히 행하여야 할 바른 길'이고, 사물의 입장에서 보면 '그것의 정당한 이치'라는 뜻이 되겠구나. 그런데, 명선아. 여기서 사람과 사물의 관계는 어떠하다고 생각하니? 내 말은 우리가 사람도 사물로 볼 수 있는가를 묻는 것이다.

명선: 물론, 사람은 사물이 아닙니다.

교사: 그래. 우리는 사람을 사물이라고 말하지는 않지. 아마 그렇게 말하면 인간의 존엄성을 훼손하는 말이 될 수도 있을 것이다. 그러나 우리 한번 냉철하게 논리적으로 이 문제에 대해 생각해 보는 것이 어떻겠니? 인간의 존엄성이 훼손되는 것 같아 기분이 좀 안 좋아 보이기는 하지만 말이다.

명선: 네, 선생님.

교사: 먼저, 명선아. 사물이란 무엇인가를 살펴보자. '사물'이란 무슨 뜻이지?

명선: 글쎄요. 사물이란⋯ 여기에 있는 연필, 책, 그리고 그 밖의 모든 것이 다 사물이 아닌가요?

교사: 그래. 사물이란 이 세상에 존재하는 온갖 것들을 다 가리키는 말이지. 그렇다면, 명선아. 이 온갖 것들 중에 사람이나

도덕을 사물이라고 말할 수도 있겠니?

명선: 글쎄요, 선생님….

교사: 명선아, 사람도 이 세상에 존재하는 다른 사물들처럼 넓은 의미에서 보면, 즉 어떤 측면에서 보면, 하나의 사물이라고 볼 수 있지 않겠니? 물론 우리가 사람을 사물이라고 말하지는 않지만… 엄격한 의미에서 보면, 논리적으로 그렇게 말은 할 수 있지 않겠니?

명선: 네, 선생님. 기분은 좀 묘하지만 논리적으로 그렇게 말할 수도 있을 것 같습니다.

교사: 그리고 또, 명선아, 도덕 자체에 대해서는 어떻게 생각하니? 우리는 도덕을 하나의 사물이라고 말할 수는 없겠니?

명선: 글쎄요. 선생님…. 아마도 그렇게 말할 수 있을 겁니다. 사물이란 구체적인 어떤 물리적 존재만을 가리키는 것이 아니고 그 현상과 함께…. 네, 어떤 추상적인 현상을 가리키는 말도 될 수 있을 테니까요.

교사: 그래, 우리가 사물이라는 말을 이 세상에 존재하는 온갖 것들을 다 가리키는 말로 사용한다면, 사물이란 구체적으로 눈에 보이는 것만이 아닌, 자연의 현상이나 인간의 삶의 현상 같은 것들도 사물이라고 볼 수 있을 것이다.

명선: 네, 선생님. 우리가 사물을 이 세상에 존재하는 현상을 포함하여 온갖 것들, 즉 세계 자체를 사물로 본다면, 도덕은 물론 인간도 하나의 사물이라고 볼 수 있을 것 같습니다.

교사: 그래. 명선아, 그렇다면, 도리를 사람으로서 마땅히 행하여

야 할 '바른 길'이라고 말하는 것과, '사물의 정당한 이치'라고 말하는 것은 결국 같은 뜻이라고 볼 수 있지 않겠니?

명선: 글쎄요. 선생님…. 네, 논리적으로는 그렇게 말할 수 있을 것 같습니다. 양자는 결국 '도리'라는 하나의 말을 풀이한 것이니까요.

교사: 그렇다면, 명선아. 앞에서 살펴본 도덕이란 무엇인가를 다시 한번 살펴보자. 도덕이란 '사람이 사람으로서 마땅히 지켜야 할 도리'이고, 여기서 '도리'란 마땅히 행하여야 할 '바른 길' 또는 '사물의 정당한 이치'이니까, 결국 도덕이란 사람으로서 마땅히 지켜야 할 '바른 길' 또는 '정당한 이치'라고 말할 수 있겠구나.

명선: 네, 선생님. 그러나, 도덕을 '사람으로서 마땅히 행하여야 할 정당한 이치'라고 말할 때, 여기서 '정당한 이치'를 도덕이라고 하는 말이 잘 이해가 가지 않습니다.

교사: 그래. 우리는 도덕을 이런 식으로는 잘 말하지 않으니까 그것이 쉽게 이해가 되지 않을 수도 있겠구나. 그러나 명선아, 여기서 '바른 길'과 '정당한 이치'는 결국 같은 뜻이 아니겠니? 내 말은 '사람이 사람으로서의 정당한 이치'를 따르는 것이 '바른 길'이고, '사람이 사람으로서 마땅히 지켜야 할 바른 길'을 따르는 것이 '정당한 이치'가 될 테니까 말이다.

명선: 네, 선생님. '바른 길'과 '정당한 이치'는 결국 '도리'라는 말을 풀이한 것이니까 두 용어가 다른 뜻일 수는 없겠지요.

교사: 그렇구나. 공연히 내가 안 해도 될 말을 한 것 같구나. 자, 우

리는 지금까지의 대화를 통해서 도덕이란 무엇인가의 개념을 정의해 보았다. 우리가 정의한 도덕의 개념은 도덕이란 사람으로서 마땅히 따라야 할 '바른 길' 또는 '정당한 이치'이다. 그렇다면, 우리가 도덕이 무엇인가를 보다 구체적으로 이해하기 위해서는 이 '바른 길' 또는 '정당한 이치'가 무엇인가를 살펴보아야겠구나.

명선: 네, 선생님. 그렇게 해야겠습니다.

교사: 그런데, 명선아. 우리는 도덕을 사람으로서 마땅히 따라야 할 '바른 길' 또는 '정당한 이치'라고 정의하지 않았니? 그러므로 '바른 길' 또는 '정당한 이치'를 살펴보기에 앞서, 사람이 무엇인가를 먼저 살펴보는 것이 타당하다고 생각하는데…. 명선아, 네 생각은 어떠니?

명선: 네, 그렇게 하는 것이 좋겠습니다. 도덕은 결국 사람의 문제이니까 다른 것에 앞서 사람의 개념을 먼저 살펴보는 것이 좋을 것 같습니다.

교사: 그래. 그렇다면 '바른 길' 또는 '정당한 이치'가 무엇인가는 다음 기회에[43]살펴보기로 하고, 먼저 '사람이란 무엇인가'에 대해 생각해 보기로 하자.

교사: 이제부터 사람이 무엇인가에 대해서 다른 학생이 대화를 이끌어주었으면 좋겠는데…. 저기 앉아있는 효선이. 어디 한

---

[43] 다음 절(사람의 개념을 도덕원리로 주장하기) 참조.

번 나서 보지 않겠니? 내 말은, 효선아, 너는 '사람이 무엇인가'를 알고 있는지, 그렇다면 이에 대해 함께 이야기해 볼 의향이 있는가를 묻는 것이다.

효선: 네, 선생님. 제가 참여해 보겠습니다.

교사: 고맙다. 효선아.

효선: 그런데, 선생님. 저는 선생님이 하시는 말씀이 무엇을 뜻하는 것인지 잘 모르겠어요. 우리 중에 '사람이 무엇인가'를 모르는 사람도 있나요?

교사: 음… 효선아. 그렇게 생각하니. 그렇다면 잘 되었구나. 너는 사람이 무엇인가를 알고 있다는 말이지. 그래 네가 알고 있는 사람이 무엇인가를 어디 한번 말해 보아라.

효선: 우리와 같은 사람이 사람이지요. 팔도 있고 다리도 있고… 그래서 다른 동물들과는 달리 손도 사용할 수 있고, 기어다니지도 않고… 걸어 다니는 존재 말입니다.

교사: 그렇다면, 효선아, 우리 주위에 교통사고로 팔다리를 잃은 장애인들에 대해서는 어떻게 생각하니? 우리는 그들을 사람이 아니라고 말해야 하니?

효선: 네? 아닙니다. 물론, 그들도 사람입니다. 제가 말한 '팔도 있고 다리도 있는…'이란 말은 그런 뜻으로 한 말은 아닙니다.

교사: 그렇다면, 효선아, 네가 '팔다리가 없는…'이라고 한 말은 '사람이 무엇인가'와는 상관이 없다는 뜻이지?

효선: 네, 그렇습니다.

교사: 효선아, 그렇다면, 미안하게 됐구나. 나는 네가 그런 뜻으로

한 말인 줄 알고는 그만…. 그럼, 어디 네가 한 말이 무슨 뜻인지 다시 말해줄 수 있겠니?

효선: 말을 할 수 있고, 즐거움과 고통도 느낄 수 있는 우리와 같은 언어와 감정을 가진 존재란 뜻입니다.

교사: 그래. 그렇다면, 효선아, 네 생각으로는 언어 장애인이나 몸의 일부가 마비되어 감각을 느끼지 못하는 장애인은 사람이 아니라는 뜻이니, 아니면…?

효선: 아이구, 선생님! 너무 하시네요. 제가 한 말이 그런 뜻이 아니라는 것은 선생님도 잘 아실텐데요, 선생님! 그렇다면, 선생님은 사람이 무엇이라고 생각하세요. 어디… 선생님의 말씀을 듣고 싶습니다.

교사: 글쎄… 효선아, 우리 한번 다른 세상에 존재하는 생물체가 사람인지 아닌지를 가려내는 문제를 가지고 생각해 보면 어떻겠니? 예를 들어, 내가 달나라에 있다고 가정해 보자. 나는 우연히 어떤 생물체를 만났는데, 그 존재를 사람으로 대우해야 할 지에 대해 불확실하다. 나는 그의 언어를 모른다. 물론 나는 그가 언어를 가지고 있는지조차도 모른다. 그러나 최선을 다해 그가 우리와 같은 사람인지 아닌지를 가려내 보자. 나는 그에게 다음과 같이 말해 볼 것이다:

오 그대여. 그대는 생김새나 색깔, 그리고 그 밖의 대부분이 내게는 아주 이상하게 보입니다. 자 만약에 당신이 언어를 가지고 있고, 그리고 생각을 할 수 있다면, 그대는 나처럼 욕구와 욕망과 바람, 그리고 그 밖의 어떤 목적을 가지고 있을 것입니다. 물론 그대의 그러한 것은 나의 것과 다를는지 모릅니다. 그러나 만약에 당신에게 언어가 없고, 나무나 돌처럼 의식이나 바람 또는 목적이 없다면, 그렇다면 그대는 나처럼 참된 의미에서 욕구나 관심사를 가지고 있지 않을 것입니다. 그럴 경우 그대는 나와 같은 사람이 아닌, 단지 하나의 생물체일 뿐입니다. [44]

교사: 효선아, 이것이 내가 그 생물체가 사람인지 아닌지를 가려내기 위해 할 수 있는 방법이다. 물론 그 생물체는 내게 대답을 하지 않을는지 모른다. 그러나 만약에 그 과정에서 내가 그 생물체와 의사소통을 할 수 있다면, 문제는 풀릴 것이다. 즉 그가 사람인지 아닌지를 가려낼 수 있을 것이다. 그러나 내가 최선을 다한다 하더라도, 끝내 의사소통이 이루어지지 못할 수 있다. 이 경우 역시 문제는 풀릴 수 있다. 왜냐하면 나는 그 존재가 단지 생물체일 뿐이지 우리와 같은 사람은 아니라는 것을 알 수 있을 것이기 때문이다.

효선: 네, 선생님. 선생님의 말씀과 그러한 방법에 동의합니다. 어떤 생물체가 언어의 사용자로서 사고를 할 수 있는지, 나름대로 자신의 감정, 의식, 욕망, 바람, 목적 등을 가지고 있는지, 즉 이성적 생물인지 아닌지를 조사해 보는 방법이 곧 그

---

[44] J. Wilson & B. Cowell(1983), p. 89.

존재가 사람인지 아닌지를 가려내는 방법이 되겠군요.

교사: 그렇다, 효선아. 그렇게 조사해 본 결과, 그 생물체가 언어의 사용자이고, 나름대로의 자기 감정과 욕구 등을 가지고 있는 이성적 존재라면, 우리는 그 존재를 사람이라고 말할 수 있다.

그런데 효선아, 여기서 이성적 존재로서의 사람의 개념은 특정한 사람들에게 한정된다는 말이니, 아니면 모든 사람이 다 그렇다는 뜻이니?

효선: 모든 사람이 다 그렇다는 뜻입니다.

교사: 효선아, 그 말은 결국 무슨 뜻이겠니?

효선: 음… 누구는 이성적 존재인데 누구는 그렇지 않다는 것이 아니라 사람은 누구나 다 이성적 존재라는 뜻이지요. 그런데 선생님, 사람들 중에는 실제로 이성적으로 행동하는 사람도 있고, 비이성적으로 행동하는 사람도 있지 않은가요? 제가 보기에는 그런 것 같은데요.

교사: 그래. 사람들 중에는 생활 속에서 이성적으로 사고하고 행동하는 사람도 있고, 그렇지 않은 사람도 있는 것은 사실이다. 그러나 그것은 정도의 문제가 아니겠니? 그러니까 어떤 사람은 더 이성적으로 사고하고 행동하는 데 비해, 어떤 사람은 덜 그럴 수는 있어도, 사람이 전적으로 비이성적이지는 않을 것으로 생각하는데…. 효선아, 네 생각은 어떠니?

효선: 네, 선생님. 그럴 것 같습니다.

교사: 효선아, 그러니까 우리가 말하는 '사람은 이성적 존재다'는

것은 인간의 본질에서 볼 때, 즉 개념적으로 그러하다는 말이다. 그러므로 우리는 '사람은 이성적 존재'라고 말할 수 있지 않겠니?

효선: 네, 선생님. 그렇게 말할 수 있다고 생각합니다. 그러니까 '사람이 이성적 존재'라는 것은, 사람은 사람이라는 점에서 누구나 다 같다는 말씀이지요? 다시 말하면, '사람 위에 사람 없고 사람 밑에 사람 없다'는… 그런 뜻이 아닌가요?

교사: 그래, 효선아. 바로 그런 뜻이다. '사람 위에 사람 없고 사람 밑에 사람 없다'는 뜻이다. 이 말은 곧 '사람은 누구나 동등하다'는 인간 평등사상을 의미하는 말이다. 그런데, 효선아. 너는 우리가 정의한 인간의 개념으로부터 어떻게 그러한 인간의 평등사상을 생각해 낼 수 있니? 그것을 좀 설명해줄 수 있겠니?

효선: 글쎄요…. 자신은 없지만 한번 해 보겠습니다. 사람이란 '나름대로의 자기 감정을 가지고 있고, 언어의 사용자이고, 그러므로 합리적 생물'입니다. 이는 곧 인간의 본질을 의미하는 데, 이러한 인간의 본질은 특정한 부류의 사람들에게만 해당되는 것이 아닙니다. 모든 사람, 즉 인류에게 해당되는 인간의 개념을 정의한 것입니다. 그러므로 이러한 개념으로부터 인간은 '누구나 똑같다'는 인간 평등사상을 생각해 낼 수 있었습니다.

교사: 그래. 효선아, 너는 참 생각이 논리적이구나. 고맙다, 효선아. 그렇다. 어떤 생물이 나름대로의 자기감정, 의식 등을 가

지고 있고, 언어의 사용자이고, 즉 사고를 할 수 있고, 그래서 이성적 존재라면, 그 존재는 사람이다. 인간의 평등사상은 '인간이 인간이라는 이유'에서 비롯된다.

그런데, 효선아. 사람들 중에는 다른 사람을 차별하는 사람들도 있지 않니? 내 말은 사람들 중에는 다른 사람을 '무시한다든가', '업신여긴다든가', '공평하게 대우하지 않는다든가' 하는 사람들이 있다는 말이다. 효선아, 너는 이처럼 다른 사람을 차별하는 사람들을 본 일이 없니? 혹시 네가 그러한 경험을 해 본 일은 없니?

효선: 글쎄요…. 그런 일이 있었던 것 같습니다.

교사: 그러니. 너는 다른 사람으로부터 무시를 당하거나 공평한 대우를 받지 못한 일이 있었다는 말이지. 그것 참 유감이로구나. 효선아, 네가 그러한 대우를 받았을 때 네 마음은 어떠했는가를 한번 말해줄 수 있겠니?

효선: 네, 마음이… 그러니까 기분이 몹시 나빴어요. 이루 다 표현할 수가 없지요 뭐….

교사: 그래, 그랬을 거다. 우리가 사람으로서 무시당하고 차별대우를 받는다는 것은 결국 (자)존심이 상하는 일이겠지. 아마도 그것은 무엇보다도 참기 어려운 모욕일 것이다. 나도 간혹 그런 것을 경험한 일이 있는 데 정말이지 내가 초라해 지는 것을 느꼈다…. 이를테면 살 맛 나지 않더구나. 그런데, 이러한 인간무시, 즉 인간차별을 하는 사람들은 왜 그런 행동을 하는 걸까요? 누가 그 이유가 무엇인지 말해 보겠어요?

자영: 제가 한번 말해 보겠습니다.

교사: 그래, 자영이, 반갑구나. 어디 한번 말해 보렴.

자영: 제 생각에는 다른 사람들을 무시하는 사람은 자기가 다른 사람보다 더 잘났다고 생각하기 때문인 것 같습니다.

교사: 그래, 아마도 그런 사람들은 그렇게 생각하니까 그럴 것이다. 그런데, 자영아. 사람이 더 '잘 났다' 또는 '못 났다'는 말은 무슨 뜻이지?

자영: 그거야 뭐… 사람들 중에는 잘난 사람도 있고 못난 사람도 있지 않아요. 제 말은 능력이 있는 사람도 있고 능력 없는 사람도 있다는 말입니다.

교사: 글쎄다. 한편으로 생각하면, 사람들 중에는 어떤 면에서 다른 사람보다 더 능력 있는 사람도 있고… 그래서 다른 사람보다 공부도 더 잘하고, 돈도 더 많이 벌고, 사회적 지위도 더 높고… 그래서 다른 사람보다 더 '잘 났다'고 생각하는 사람도 있는 것 같다. 그러나 자영아, 자기가 다른 사람보다 어떤 점에서 더 능력이 있다고 해서 자기보다 못한 사람을 무시한다면, 어찌 되겠니? 그래도 괜찮겠니? 그러한 무시를 당하는 사람들의 심정은 어떻겠니?

자영: 물론 무시를 당하는 사람들은 기분이 되게 나쁘겠지요. 그러나 선생님, 사람들 중에 능력이 없는 사람이 있는 것은 사실이잖아요?

교사: 그래, 자영아. 사람들 중에는 어떤 영역에서 능력이 있는 사람도 있고, 없는 사람도 있다. 이것은 사실이다. 그러나 내

말은, 능력의 차이가 사람의 차이일 수는 없다는 말이다. 어떤 점에서 서투른 것이 인간으로서 서툰 것은 아니지 않니? 물론 그렇게 하는 사람은 그것을 이유로 내 세우겠지만…. 내 말은 능력의 차이 또는 유무(有無)가 인간을 '인간으로서' 차별해도 된다는 이유로서 정당화될 수는 없다는 말이다.

자영: 네, 선생님. 선생님의 말씀을 듣고 보니 사람을 '사람으로서' 차별대우해서는 안 된다고 생각합니다. 네, 선생님 말씀에 전적으로 동의합니다.

교사: 우리는 지금까지 '사람의 개념이 무엇인가'에 대해 이야기 했다. 사람이란 '언어의 사용자이고, 나름대로의 자기 감정을 가지고 있고, 그래서 그의 생각과 감정을 언어로 표현할 수 있는 합리적 존재'라고 말이다. 이제 우리는 이처럼 사람의 개념이 무엇인가를 이해하게 되었다. 그러나, 이에 대해 노파심에서 여러분들에게 끝으로 하나만 더 물어보겠다. '사람의 개념을 안다'는 것은 결국 무슨 뜻인가? 누가 이에 대해 말해 보아라.

자영: 선생님, 한 시간 내내 사람의 개념은 무엇인가에 대해 이야기를 했는데…. 그리고 우리 모두가 다 그것을 이해하고 있는데… 더 무슨 말을 하라는 말씀인지요? 단지, 한 번 더 되풀이해 보라는 말씀인가요?

교사: 아, 묻고 보니 그렇게 되었구나. 미안하구나. 그래서 내가 노파심에서 한 번 더 물어본다고 했는데…. 내가 하고 싶은 말은, 우리가 '사람의 개념을 안다'는 것은 결국 '사람은 동등하

다는 것을 안다'는 의미라는 것을 강조하고 싶어서 한 번 더 물어봤을 뿐이다.[45]

---

[45] 이 예시는 남궁달화, 『도덕성 요소와 도덕 교육』, 학지사, pp. 111~122의 것을 옮긴 것이다. 나는 그 책의 제2부(pp. 111~266)에서 윌슨의 도덕성 4범주 15요소 모두에 대해 문답에 의한 직접교수법의 접근을 시도했다.

제8장
토의하기[46]

  이 장에서는 토의하기와 관련해서 윌슨이 제시한 언어 사용하기, 교수의 상황, 토의형식에 대해 살펴본다. 토의형식에서는 토의형식의 정의, 필요성과 규칙, 잘못된 태도와 행동, 운영의 유의점, 훈련에 관해 살펴본다.

---

[46] 이 장은 남궁달화『도덕성 요소와 도덕교육』pp. 61~76의 것을 일부 수정한 것임. 그리고 인용표시가 되어 있지 않은 내용의 대부분은 윌슨의 책, *Practical Methods of Moral Education*, 제2부 Language and Communication(pp. 34~54)에서 발췌, 요약한 것임

1. 언어 사용하기

　윌슨은 도덕적 토의하기를 의사소통하기로 본다; 그리고 이것을 일종의 게임에 비유한다. 다시 말하면, 도덕적 토의하기를 의사소통 게임으로 본다. 모든 게임이 규칙 지배적이듯이 의사소통도 규칙 지배적이기 때문이다. 그러나 그가 의미하는 의사소통은 언어에 의한 의사소통에 한정된다. 왜냐하면 우리는 언어에 의해서만 사고할 수 있고 도덕적 사고하기는 다른 영역에서의 사고하기와 마찬가지로 언어에 의해서만 이루어질 수 있기 때문이다.

　도덕교육에서 언어의 중요성은, 먼저 언어의 중요성 그 자체가 이해되지 않고서는 이해될 수 없을 것이다. 모든 교사는 실제로 이 영역에 관심을 가지고 있다. 그들은, 예를 들면, '한국어로 의사소통할 수 있기', '영어 소설을 즐기기', '시험에서 명료하게 대답하기', '좋은 음성으로 말하기', '광범위한 어휘 습득하기', '적절한 편지쓰기' 등에 관심을 가질 수 있다; 이들 중에 어느 것도 무시되어서는 안 된다. 그러나 이들은 도덕교육과는 거의 관계가 없다.

　윌슨(1972)은 교사가 도덕교육에서 '일차적으로' 관심을 가지지 않아도 될 언어 영역으로 다음과 같은 것들을 제시한다(p. 35):

(1) 웅변
(2) 유창성
(3) 광범위한 어휘
(4) '정확한' 문법과 철자, 억양, 발음 등

(5) 시적 또는 '창의적' 글짓기에서의 '자아표현'

(6) '특정한' 언어의 능력

(7) 언어학적 오류를 발견하는 능력(선전, 광고 등에서)

(8) 언어, 철학, 어원학 등의 역사

(9) 시와 문학에 대한 감상적 반응

(10) 다양한 독서

윌슨(1972)이 말하는 '언어(言語, language)'는 인습적 기호의 의도적 사용을 뜻한다: 말(words)은 이들 중의 하나의 예에 불과하다. 우리는 수기신호(手旗信號), 몸짓, 섬광(閃光), 또는 합의되거나 이해된 방법에 의해 의사소통을 할 수 있다. 그러나 언어의 중심은 인습에 의해 표현되는 의미다; 게임에 있어서처럼 합의된 특정한 규칙의 준수에 의해 표현되는 의미다. 언어 기호의 사용은 다른 사람들과의 의사소통에 한정되지 않는다. 우리는 그것을 우리의 마음 속에서도 사용한다. 이것이 이른바 사고하기다. 사고할 때 우리는 우리 자신에게 '말하는' 것이다. 우리는 그렇게 하는 것을 의식하지 못할 수 있다. 대부분의 우리의 행동은, 본래는 사고에 의해 학습된 것이지만 지금은 습관이 되어 있기 때문이다. 그러나 이러한 경우일지라도, 만약에 우리가 질문을 받는다면 우리는 대개 마음 속에 있었던 것을 말로 설명할 수 있다. 우리의 사고는 매우 빠르게 움직인다; 그러나 그것이 충동이 아닌 정말로 사고라면, 그것은 어떤 의미에서 기호를 사용하여 외부세계에 있는 사물을 인식하고, 외부세계를 정돈하고, 그 안에 있는 문제를 해결하는 등 외부세계에 대처하는 것에 관심을 가질 것이다(p. 35).

우리의 궁극적 관심은 아이들이 의사소통의 과정을 보다 효과적으로 수행하고, 특히 그 과정 자체를 보다 인지하고 의식하도록 도울 수 있는 의사소통의 형식에 있다. 우리가 서술하고 있는 의미의 언어는 '하나의' 유용한 도구에 불과한 것이 아니다. 그것은 세계와 관계하고 있다는 식의 언어이다. 우리가 언어를 사용하는 것은 우연한 일이 아니다; 이는 의식과 이성과 인간이 통합되어 있기 때문이다. 그것은 논리적으로 사고하기, 행동의 이유 가지기, 행동에 책임지기와 밀접한 관계가 있다.

거의 같은 이유로 언어는 또한 도덕적 사고 및 행동과 논리적으로 밀접한 관계가 있다. 윌슨(1972)은 다음과 같이 말한다(p. 36):

다른 동물들에게는 도덕성과 같은 것이 없다. 왜냐하면 그들에게는 언어가 없기 때문이다. 만약에 인간에게 언어가 없다면, 다른 동물들과 마찬가지로 인간에게도 도덕성과 같은 것은 없을 것이다.

일반적으로 도덕적으로 교육된 사람은 물론, 그 밖의 사람들도 이성적 존재로서 개념과 언어를 사용하여 세계에 대처한다. 그는 목적을 가지고 있고 그것을 성취한다; 그는 내부의 충동이나 외부의 압력에 의해서만 행동하지 않는다. 이것은 그의 행동에 책임을 지지 않으면 안 된다는 의미다; 그의 행동은 의도적이어야 하고, 도덕성을 결정하는 규칙과 원리에 따라야 한다는 것이다.

그러나 대부분의 사람들은 언어가 인간의 사고 내지는 도덕성에 미치는 영향의 중요성을 간과하는 경향이 있다. 이에 대해 윌슨(1972)은 다음과 같은 이른바 세 가지 신화를 예로 들어 설명한다(pp. 36~41):

첫째, '말 경시 신화(the down-with-words myth)'이다. 이것은 언어(특히 기록된 언어) 매체가 시각적 상(像), 소리, 느낌 등과 같은 시청각 매체로 대체될 수 있다는 취지의 통속적 신화다. 그러나 윌슨은 인습적 기호, 즉 언어는 원칙상 시청각 매체로 대체될 수 없다고 말한다. 왜냐하면 언어와 시청각 매체는 서로가 다른 것이기 때문이다. 여러 가지 상(像)이나 소리, 그리고 그것에 대한 감정 또는 정서적이거나 미적인 반응은 그 양이 아무리 많더라도 나에게 어떤 것을 말해줄 수도 또는 문제를 해결해 줄 수도 없다. 그것은 나에게 영감과 동기를 줄 수는 있다; 나의 관심과 열정을 불러일으킬 수도 있다; 나의 예술적 감수성을 세련시켜 줄 수도 있다. 그러나 그것은 나를 위해 사고할 수 없다. 언어의 인습적 기호 사용은 '단지 하나의 기술'이 아니라는 것을 반복해 말할 필요가 있다. 그것은 모든 이성적 생물의 표시이고 존재의 특징적 모습이다.

윌슨은, 학습은 먼저 학습자에게 정서적인 움직임이 일어나고, 이어서 무엇이 그를 움직이게 하는가에 대해 더 발견하기를 원하는 사람에 의해 잘 이루어질 수 있다고 말한다. 그러나 교사는 사고하기를 느끼기로, 인습적 기호를 정서적 상징으로 대체하도록 하는 것이 아니라 느끼기가 사고하기로 진행될 수 있도록 학생들을 설득하는 노력을 해야 한다. 아마도 전위(前衛) 교육자들이 실제로 하고 싶은 말의 전부는 느끼기가 먼저 와야 한다는 것일 것이다. 그렇지 않으면 사고하기가 이루어지기 어려울 것이다. 물론 이것은 사실이다. 그러나 이것이 교육 자체와 혼동되어서는 안 된다. 학생들은 학습하기를 원해야 한다; 그러나 원하는 것은 학습하는 것이 아니다.

둘째, 수(數)의 신화다. 사람들은 일반적으로 '셈하는 능력'은 '읽고 쓰는 능력'만큼 중요하다고 생각한다. 다시 말하면, 수학과 (아마도) 과학 하는 방법을 배우는 것은 읽고 쓰고 말하는 방법을 배우는 것만큼 중요하다고 생각한다. 그러나 윌슨은 ('읽고 쓰는 능력'이 의미하는 것이 무엇이든) '언어'가 한국어, 영어, 불어, 독어 등 특정한 언어를 가리키는 것은 아니라고 말한다. 학생들에게 언어학적 기술을 가르치는 것은 그들에게 한국어나 영어를 가르치는 것이 아니다; 물론 이것은 그들에게 언어학적 기술을 가르치는 한 가지 방법이 될 수는 있다. 여기서 '언어학적 기술'을 마치 훌륭한 해석자 또는 훌륭한 논쟁자 또는 연설자를 길러내는 것으로 생각한다면, 이는 잘못된 것이다. 우리의 관심은 자신과 세계를 다루는 어떤 언어를 아이들이 사용할 수 있도록 도와줌으로써 그들을 보다 이성적이게 하는 데에 있지, 전문화된 어떤 특정 언어를 능숙하게 사용토록 하는 데 있는 것이 아니다.

그러나 아이들에게 언어학(이성)적 접근을 사용하게 하려면 특정한 언어의 맥락에서 또는 특정한 언어를 매개로 하여 이루어질 수밖에 없다. 아이들은 어떤 상징을 생각하지 않으면 안 된다; 어떤 인습적 기호를 사용하지 않으면 안 된다; 확실히 가장 적절하고 유용한 인습적 기호는 아이들의 자연적 언어 기호이다. 한국에서는 한국어가, 영국에서는 영어가 자연적 기호이다. 수학과 같은 다른 언어 또는 준 언어는 인위적이고 특정한 문제를 해결하기 위해 구안된 것이다. 자연적 언어는 문제를 (그것이 무엇이든) 해결하기 위한 출발점이다. 그러므로 한국인에게 있어서 한국어는 수학이나 어떤 다른 언어보다 더 중요한 것이다. 왜냐하면 아이들이 이미 사고하고 있는 한 그들은 모국어로 사고하고 있기 때문이다.

셋째, 논리학자의 신화다. 사람들은 흔히 비논리적으로 사고한다: 모순된 말을 하고 오류를 범한다. 선전, 조작된 말, 엉터리 논의에 흔들린다. 사람들은 이러한 현상에 대해 논리의 본질을 가르치고, 여러 가지 오류를 설명하는 등을 하면, 합리적으로 사고하여 유혹을 회피하는 방법을 알게 될 것으로 생각한다. 그러나 윌슨은 이러한 방법으로 기본적인 어려움을 해결할 수 있다고 생각하는 것은 신화일 뿐이라고 말한다. 왜냐하면 우리는 비 논리성, 오류, 또는 다른 사람의 편견을 인식할 수 있고, 모순되고 잘못된 결론이 무엇인가를 잘 아는 사람들도 그들 자신의 사고 영역에서 비논리적인 것을 볼 수 있기 때문이다; 이러한 것은 그들이 논리적으로 사고하는 '방법을 몰라서'가 아니라 그렇게 '하지 않아서'라는 것이다.

물론 우리의 문제는 '왜 그들이 그렇게 하지 않는가'와 '그들을 돕기 위해 무엇을 할 수 있는가'다. 그러나 먼저 이것이 그러하다는 것을 아는 것이 중요하다. 사람들은 흔히 사고하지 않는 특징이 있다. 그들은 마치 앵무새나 몽유병자 또는 최면에 걸린 사람이 하는 것처럼 말한다. 윌슨은 이러한 말은 우리가 생각하는 넓은 의미에서 볼 때 전혀 '언어를 사용하고 있는' 것이 아니라고 말한다.

사람들이 이와 같이 행동할 때 그들이 비논리적으로 말하고, 오류를 범하고, 선전에 속는 것은 놀라운 일이 아니다. 우리는 언어를 잘못 사용하는 것, 즉 오류를 범하는 것은 문제의 일차적 원인이 아니라고 말할 수 있다; 왜냐하면 그것은 잘못 사용(misuse)이 아니라 '사용하지 않아서(non-use)'이기 때문이다; 인습적 기호를 의도적이고 진지한 태도로 사용하지 않아서이기 때문이다; 그러므로 언어가 검사받지 않은 자신으로부터 흘러나오도록 그냥 놔두어서는 안 된다.

이 영역에서 동기와 능력을 개념적으로 구별하는 것은 가능하다; 그러나 실제로 그렇게 하는 것은 매우 어렵다. 중요한 것은 일반적으로는 성인, 특별히는 아이들과 청소년들이 대개 동기와 능력이 부족하다는 점이다. 우리가 해야 할 것은 이 부족을 분명하게 인식하고, 이를 극복할 수 있는 교수방법을 구안하는 일이다.

우리는 그들에게 적어도 언어 사용하기를 '연습'하게 할 수 있다; 실제로 특정한 언어학적 기술의 수행을 향상시키는 것 뿐 아니라 언어 사용하기 '습관'을 가르치는 노력도 할 수 있다. 물론 우리는 이 습관을 학생들이 매일 만나는 생활사태 속에서 가르치기를 원한다. 학생들이 국어나 수학을 공부할 때 교사가 그들을 합리적이고 반성적(反省的)으로 사고하게 하려면 많은 에너지가 소모된다; 그러나 보다 관련된 상황에서는 (믿을 수 없을 정도로) 에너지가 덜 소모된다. 이러한 반성적 사고를 위한 적절한 주제는 친구에게 어떻게 행동하는가; 부모에게 어떻게 말하는가; 교사에게 어떻게 대하는가; 이성에 대해 어떤 감정을 가지는가; 나이 어린 사람에게 어떻게 행동하는가 등을 예로 들 수 있다.

2. 교수의 상황

그러나 교사는 학교 안에서 실제로 발생하고 있는 생활사태에 의존할 수 없을 것 같다. 비록 그러한 사태가 발생하더라도, '통제상황'에서의 발생을 기대할 수 없을 것 같다; 다시 말하면, 학생들을 자연적 행동으로부터 더욱 더 반성적이고 세련된 언어를 고려하는 행동이 되게 하는 상황의 발생을 기대할 수가 없다. 그러므로 교사는 이러한 사태를 학교 안이나 밖에서 구안하여야 한다. 거의 모든 학교에서 대부분의 교사들은 필요할 때 그 같은 종류의 사태를 구안할 수 있을 것이다. 이 같은 범주에 속하는 것으로 소풍가기, 학교규칙 정하기, 연극하기, 춤추기, 학부모 초대하기, 봉사 활동하기 등을 생각해 볼 수 있다.

우리는 이 언어교수를 실제생활 사태에서 실시할 수 있어야 한다. 예를 들어, 학생들이 산책을 하거나 무도회에서 나쁜 행동을 하고 있다고 하자. 이러한 일을 다음 날까지 기다려서 그것에 대해 도덕수업을 하는 것은 별로 도움이 되지 않는다. 나중에 잘못이나 비합리성을 지적하는 것은 별로 효과가 있을 성 싶지 않다; 아마도 그들은 자신들이 무엇을 했었고, 그것을 하는 동안에 무슨 생각을 했었는가를 잊어버렸을는지 모른다. 그러나 실제사태는 통제사태가 아니므로 그것을 교육의 목적을 위해 충분하게 '사용하는' 것은 매우 어렵다.

그렇다면 우리는 어떻게 해야 하는가? 하나의 가능성은, 예를 들어 갑의 첫 번째 계산이 잘못되었을 때, 같은 종류의 다른 문제를 풀어보게 하는 것처럼 '즉시에 반복될 수 있는' 상황을 사용하는 것이다. 만약에 우리가 아이들에게 산책이나 무도회에서 무엇이 잘못됐었는가에 대해 말할 수 있고, 곧바로 또 다른 산책이나 무도회를 가질 수 있다면, 우리는 더 많은 결과를 성취할 수 있을 것이다. 그러나 우리가 본래의 사태를 '객관화하는' 어떤 방법을 사용할 수 있다면, 그것은 훨씬 더 좋을 것이다. 예를 들어, 외부의 관찰자가 학생들이 무슨 말을 했고 어떤 행동을 했는가를 적어놓는다면, 또는 우리가 그것을 녹음하거나 녹화한 테이프가 있다면, 우리는 학생들을 무엇이 발생했었는가의 객관적 이야기에 직면하게 할 수 있다; '그들은 자신들이 행동하고 말하는 것을 보고 들을 수 있다.' 이 같은 방식으로, 아마도 이 같은 방식으로만이, 그들은 그러한 사태에 있는 자신들을 보다 의식하는 것을 배울 수 있을 것이다. 그러나 그것은 교사가 학생들의 행동을 '재생하게 한다'는 의미에서 '이미' 통제된 교수 상황임이 분명하다. 교사가 가지는 문제의 본질은 '실제사태와 통제사태를 어떻게 효과적으로 결합하여 사용할 수 있는가'다.

3. 토의형식

이제 우리가 할 것은 아주 중요하다고 생각되는 '하나의' 특정한 게임, 즉 '토의형식'을 구체적으로 살펴보는 일이다. 그러나 이것은 너무나 진지한 일이기 때문에 우리가 그것을 계속해서 '게임'이라고 부른다면, 그것의 진지함이 훼손될지도 모른다. 물론 토의형식은 규칙이 운용되는 여러 가지 형식 중의 '한 가지'다; 그러나 그것은 특정한 형식의 활동이다; 즉 삶이다.

가. 토의형식의 정의

'토의'라는 말은 한편으로는 논의 내지는 논쟁, 다른 한편으로는 잡담에 이르기까지 그 경계가 치밀하지 못하다. 그러므로 토의개념을 정의할 필요가 있다. 윌슨(1972)이 의미하는 토의는 다음과 같은 세 가지 조건을 만족시키는 것이다(pp. 45~46):

첫째, 토의형식의 기능 또는 목적은 'X는 무엇을 하여야 하는가?' 또는 'Y가 그 경우인가?'의 형식으로 일반화될 수 있는 여러 가지 문제에 대해 가장 가능한 대답을 이끌어 내는 것이다. 예를 들면, '재식이는 그의 여자 친구에게 무엇을 하여야 하는가?', '학교에는 선서 규칙이 있어야 하는가?', '양분이의 부모는 그녀에게 너무 엄격한가?', '노인들은 도시에 살기를 좋아하는가, 시골에 살기를 좋아하는가?' 등. 우리는 이와 같은 예의 문제를 얼마든지 다양하고 광범위하게 들 수 있을 것이다. 여기서 토의형식을 정의하는 것은 질문의 형태이기보다는 기능이다; (잡담하고, 울분을 푸는 등을 하는 것이 아닌) 질문에 대답하고 어떤 구체적인 규칙을 수반하는 기능이다.

둘째, 참여자 또는 토의자들은 똑같은 지위를 가져야 한다. 우리는 여기서 (선장에게 복종하는 선원의 경우에 있어서처럼) 명령과 복종의 상황에 있어서는 안 된다; 또한 (역사교사로부터 사실을 배우는 학생들의 경우에 있어서처럼) 어떤 한 사람이 전문가로서 특별한 권위를 가지는 상황에 있어서도 안 된다.

셋째, (토의형식의 정의에서 볼 때) 질문에 대한 대답의 '성공'은 그것에 대한 대답으로서의 사실적 가치뿐 아니라, 가능한 한 많은 사람들에 의해 그것이 수용되는 정도와 이해되는 이유에 달려 있다. 이는, 인기 있고 일반적으로 수용 가능한 대답이지만 그 자체가 그릇된 대답, 한 사람 또는 소수집단이 강요하는 대답은 배제되어야 한다는 뜻이다; 다수가 집단에게 불합리한 방법으로, 즉 그들에게 대답에 대한 가치와 이유를 알 수 없는 방법으로 그것을 수용토록 설득하는 것도 배제되어야 한다. 예를 들면, 그럴 듯 하게 대답을 꾸미고, 그 대답은 친구나 권위자들에게 인정받을 수 있다고 주장하여 수용토록 설득하는 것 등은 배제된다.

실제로 사용되고 있는 여러 가지 토의형식 중에 세미나의 경우가 어떤 측면에서 볼 때 위에서 제시한 세 가지 조건에 가장 가까운 것으로 생각된다. 세미나 형태의 토의는, 적어도 이론적으로는 똑같은 지위를 가진 참여자를 필요로 한다. 한편 위원회의 경우, 토의형식은 어떤 '결정'에 이르러야 하는 별도의 것을 요구한다; 만약에 위원회 구성원들의 지위가 똑같고 토의 문제와 관련이 없는 외적 요소가 영향을 미치지 않는다면, 이 예 또한 아주 적합하다.

나. 토의형식의 필요성과 규칙

이제 '왜 우리는 토의형식을 아이들이 사용하도록 가르치려 하는가'에 대해 생각해 보자. 윌슨(1972)은 이에 대해 다음과 같은 두 가지 일반적인 이유를 제시한다(pp. 47~48):

첫째, 사람들은 집단 사태에 있을 때 흔히 '무엇을 할 것인가' 또는 '그 경우는 어떤 것인가'를 결정해야 한다. 이 때 토의 형식은 그러한 결정을 하는 데 아주 적절한 형식이기 때문이다.

둘째, 만약에 어떤 학생이 정말로 혼자 사고하기를 잘한다면, 그는 틀림없이 그의 삶의 어느 단계에서 사고하는 것이 무엇인가에 대해 배웠을 것이다. 이것은 그가 문제해결을 위한 공적 언어의 사용을 배웠음에 틀림없다는 뜻이다. 거의 확실히 그는 이에 대한 어떤 것을 어린시절에 부모나 친구들로부터 배웠을 것이다. 그러나 이러한 것을 배우지 못한 또는 잘 배우지 못한 아이들도 많이 있다.

이것이 왜 학교가 토의형식을 실시하여 아이들이 토의하기에 입문할 수 있도록 가르칠 필요가 있는가의 이유다.

앞에서 언급한 바와 같이 윌슨은 도덕적 토의하기를 게임에 비유한다. 게임에 규칙이 있듯이 토의하기에도 규칙이 있어야 한다. 게임의 규칙에는 이른바 '구성적' 규칙, '벌' 규칙, '안내 규칙'이 있을 수 있다. 구성적 규칙은 게임을 정의하는 것이다; 예를 들어, 장기에서 차(車)는 대각선으로 갈 수 없다는 규칙이 이에 해당된다. 만약에 차를 대각선으로 움직이면 장기는 더 이상 둘 수 없게 된다; 벌 규칙은 차를 대각선으로 움직이는 것을 전혀 못하게 하지는 않는다; 그러나 그렇게 하면 공식적인 벌이 주어진다. 안내 규칙은 게임을 종료시키거나 어떤 종류의 공식적인 벌과도 관련이 없다. 안내 규칙은 장기를 둘 때 '처음에는 결코 궁(宮)을 움직이지 말아라'와 같은 놀이자가 따르면 좋을 수 있는 일반적인 원리일 뿐이다.

그러나 토의하기 형식은 실제에 있어서 수립된 게임은 아니다. 우리가 토의형식을 학생들이 보다 쉽게 배울 수 있도록 어떤 게임과 같이 합리적으로 형식화할 수 있는 것으로 수립하고자 한다면, 우리는 그것을 '얼마만큼이나' 형식적이게 해야 하는가의 문제에 직면하게 된다; 즉 ① 구성적 규칙을 얼마나 가져야 하는가, ② 벌 규칙을 얼마나 가져야 하는가, ③ 안내규칙은 어떻게 해야 하는가 (물론 안내규칙은 어떤 형식으로도 주장될 수 있고, 얼마가 되어야 하는가에는 제한이 없다).

윌슨(1972)에 의하면, 토의하기에서 최상의 구성적 규칙은 토의의 매체는 말(talk, words)이어야 한다는 것이다. 만약에 학생들이 토의할 때 서로에게 물건을 던지거나 물리적인 공격을 하거나 또는 모두가 말하기를 멈춘다면, 토의하기는 종료되어야 한다. 벌 규칙으로는 학생들 각자에게 20점씩을 부여하고 모종의 실수를 하면 감점을 하는 것을 생각해 볼 수 있다. 예를 들어, 목소리를 일정량 이상으로 높이면 종소리를 울리고 1점을 감점한다; 지나치게 관계없는 말을 하면 2점을 감점한다; 적대감을 보이면 3점을 감점한다 등. 안내규칙은 단지 여러 가지 항목을 열거하는 것일 수 있다. 이것은 있을 수 있는 종류의 실수에 대해 간단히 설명하는 식으로 소극적으로 하는 것이 좋을 것이다(pp. 49~50).

다. 잘못된 태도와 행동

한편 윌슨(1972)은 토의형식에서의 안내규칙으로 (1) 잘못된 태도 및 역할과 (2) 잘못된 행동 및 말씨를 다음과 같이 제시한다(pp. 51~52). 그러나 (1)에 있는 항목들은 (2)에 있는 항목들의 원인이 될 수도 있다(예: '적개심'은 '큰 소리로 말하기'를 야기할 것이다):

(1) 잘못된 태도와 역할

① 개인적 고려에 의해 부적절하게 영향을 받기: 예를 들면, 다른 참여자의 지위나 역할(교사, 어리거나 '열등한' 학생 등); 그의 태도, 억양, 의상, 얼굴 표정, 또는 몸짓; 자신과의 특별한 관계(친구, 적, 형제 등); 또는 그의 말하는 어조(무게 있는, 열성적인, 솜씨 있는 등)
② 주제에 대해 너무 정서적임(너무 진지함)
③ 주제에 대한 의도가 충분하지 않음(너무 냉담함, 싫증남 등)
④ 적대적 또는 공격적임
⑤ 자랑하기, '익살부리기'
⑥ 지나친 회유, 추종함
⑦ '대답 찾기'보다는 '사회적'이기를 원함(집단을 과제를 수행하는 것으로서보다는 사회적 강화를 위해 사용함)
⑧ 고집이 셈, 자신의 의견을 지나치게 견지함
⑨ 부정적임(집단이 진보하는 것을 원하지 않음)

⑩ 다른 사람들의 기여에 대해 질투함

(2) 잘못된 행동과 말씨

① 다른 사람의 말을 가로막음
② 부족한 참여(참여의 시간이나 수가 너무 짧거나 적음)
③ 지나친 참여(참여의 시간이나 수가 너무 길거나 많음)
④ 너무 크게 말함
⑤ 너무 부드럽게 말함
⑥ 너무 빨리 말함
⑦ 너무 천천히 말함
⑧ 사람들이 이해했는가를 확인하지 않음(예: 반복 또는 명료화하도록 부탁함으로써)
⑨ 실제로 다른 사람의 말을 경청하지 않음
⑩ 마지막 사람이 한 말에 대답하지 않음
⑪ '방해함'(예: '그것은 아주 어리석은 말이야', '나는 이 모든 것의 취지를 이해 할 수 없어' 등)
⑫ 다른 사람의 관점을 취한 것을 '보여 주지' 않음
⑬ 개인적인 말을 함('음, 너는 항상 우리가 해야 한다고 말해놓고는 정작 "너는" 하지 않아', '너는 참 말은 잘 해!' 등)
⑭ 부적절한 사례 들기('나는 한 때 … 하는 사람을 안 일이 있었어', '나의 작은어머니는 …')
⑮ 지나치게 말함('…는 절대적으로 확실해', '지성적인 사람이라면 누구라

도… 에 동의할 거야')

⑯ 원활하게 말하지 않음(예: '미안하지만, 나는 왜 네가 …라고 말하는가를 잘 이해할 수가 없어'라고 말하기보다는 '그게 아니야'라고 말함)

⑰ 지나치게 명료한 체 함(예를 들어, '나는 어떻게 말해야 할지 잘 모르겠어. 하지만 이러이러한 것과 같은 것을 느끼고 있어. 누가 내가 …을 말하려 하는 것을 도와줄 수 있겠니?'라고 말하지 않고)

⑱ 말의 의미의 중요성을 알아차리지 못함

⑲ 전문가의 의견을 따르거나 책에서 찾아볼 수 있는 간단한 사실적 이슈를 인정하지 않음

⑳ 기타 부적절한 형태

윌슨은, 이 목록은 어느 정도 임의적이고 모든 것이 다 망라된 것은 아니고 이들 중에는 중복된 것도 있을 수 있다고 말한다.

라. 토의형식 운영의 유의점

윌슨(1972)은 토의형식의 운영에서 교사가 유의 내지는 고려해야 할 점들을 다음과 같이 제시한다(pp. 52~53):

(1) 여러 가지 예비 토의를 사용하여 형식의 본질을 설명한다; 예를 사용하여 이 형식과 다른 형식(예: 잡담, 사회적 강화, 정서의 표현 등)을 구별한다.

(2) 구성적 규칙과 안내 규칙 전부를 볼 수 있도록 칠판에 적어 놓는다; 그리하여 필요할 때 참고할 수 있도록 한다.

(3) 안내 규칙이 위반될 때, 적합하다고 생각되는 수만큼 종 또는 부자 소리를 울린다.

(4) 다음과 같이 토의를 형식화하는 여러 가지 방법을 사용해 본다:

① 먼저 일반적인 '아이디어' 또는 의견을 수집한다; 그리고 그 것들을 익명으로 칠판에 기록한다; 이어서 그것들에 대해 하나씩 토의하게 한다.

② 학생들 각자의 의견을 차례로 물어본다.

③ 학생들에게 그들의 의견을 쓰게 한 후, 소리 내어 읽게 한다.

④ 학생들에게 첫 단계에서 증거를 수집하도록 설득한다; 그 다음에 내리게 될 결정을 예상하여 그 증거를 고려하게 한다.

⑤ 사고를 위한 휴식을 규칙적으로 준다; 그러나 그 시간에 대화가 허용되어서는 안 된다. (이상의 것은 가능한 여러 가지 방법 중의 일부에 지나지 않는다.)

(5) 즉시적인 사회적 상황 또는 토의 '하기'를 실험해 본다. (토의는 학생들이 책상 앞뒤에 앉아서, 안락한 의자 또는 그렇지 않은 의자에 앉아서, 또는 맨바닥에 앉아서, 중에 어떤 형태로 앉아서 하는 것이 가장 좋은가? 어른이 없어야 하는가, 있어야 하는가? 토의 중에 음식이나 음료수가 제공되는 것이 도움이 될까? 토의가 교실에서 이루어질 때가 더 좋은가, 비공

식적 장소에서 이루어지는 것이 더 좋은가? 등)

(6) 토의를 객관화할 수 있는 가능한 방법 모두를 사용한다(나중에 학생들에게 재생시켜줄 수 있는 녹음테이프나 비디오테이프; 토의를 논평할 수 있는 외부의 관찰자; 다른 집단에서 토의에 참여한 학생).

(7) 토의 직후에 또는 녹음테이프를 듣고 난 다음에 토의 자체를 토의한다; 아마도 이 경우에는 그들이 토의를 더 잘할 수 있는지, 부적절한 것을 덜 말할 수 있는지 등을 보기 위해 같은 주제에 대한 본래의 토의를 반복해야 할 것이다.

(8) 간단하고 실제적인 토의문제('우리는 성적이 좀 나쁜 급우를 어떻게 도와줄 수 있는가?')부터 시작하여 일반적인 문제('학교규칙의 기본은 무엇이어야 하는가?')로 접근한다.

(9) 이미 정서가 작용된 주제('너는 우리 선생님을 좋아하니?')에서 시작해 보다 중립적인 주제('경찰은 시위자를 체포해야 하는가?')나 경험을 다루는 순서보다는 이를 역으로 하는 것이 좋을 것이다; 왜냐하면 어떤 주제는 너무 정서적이어서 위협이 될 수 있기 때문이다.

(10) 학생들이 그들의 친구, 권위자, 기타 부적절한 것을 잊고 다만 정당한 답을 찾는 데 집중해야 한다고 규정된 것이 그들의 정직한 의견이고 분별 있게 이루어진 것임을 명확하게 해야 한다. 이것은 이 특정한 형식을 위해 가능한 한 분명하게 교사가 심판자로서만 역할 할 것을 요구하는 것이다.

마. 토의형식 운영을 위한 훈련

윌슨(1972)은 학생들이 토의형식을 잘 운영할 수 있도록 훈련 차원에서 다음과 같은 것들을 제시한다(p. 54):

(1) 학생들에게 거의 모든 것에 대해 말하게 함으로써 유창성을 격려한다.
(2) 학생들에게 TV 프로그램, 녹음한 것 등에 대한 토의를 비판하도록 한다.
(3) 학생들에게 보다 형식적인 상황에서 토론, 모의재판, 기타 언어 사용을 격려한다.
(4) 학생들에게 사전 준비 없이 말하게 한다.
(5) 학생들에게 제한된 시간 내에 어떤 것을 서술 또는 옹호하게 한다(예: '네가 왜 그와 같이 생각하는가를 "30초 이내에" 말해 보아라', 2분 연설 등).
(6) 게임을 위해 필요한 종류의 '사회적 기술'을 훈련한다(예: 사과하기, 실수를 지적하기, 감사하기, 칭찬하기, 명료화를 요구하기 등과 같은 기본적 사회적 의식(儀式)을 훈련한다); 비언어적 사회적 기술도 훈련한다.
(7) 학생들에게 '어떤' 상황에서도 말하게 한다(시끄러운 곳, 어린 사람 또는 나이든 사람에게, 서 있는 파티에서, 안락의자에 앉아서, 전교를 대상으로 한 연설 등).
(8) 인기 없는 의견을 말하는 것에 대해 두려워하지 않게 한다

(예: 친구가 동의하지 않을 것이다, 또는 선생님들에게 받아들여지지 않을 것이다).

(9) 학생들이 토의형식과 다른 형식을 대조할 수 있도록 다른 형식을 사용하게 한다.

(10) 말의 속도를 빠르게 하는 또는 늦추는 연습을 하게 한다.

이 장에서 우리의 관심은 도덕적 토의하기가 도덕성 요소 계발에 얼마나 효과적으로 기여할 수 있는가를 살펴보는 데 있었다. 윌슨(1972)은 도덕성 요소로서의 KRAT-1을 다음과 같이 매우 중요하게 여긴다(p. 34):

사람들 중에는(아마도 특히 어린 아이들과 십대들) 이 요소가 결핍된 사람들이 많이 있다. 한편 다른 사람에 대한 관심(PHIL)을 거의 가지고 있지 않은 사람들도 있다; 다른 사람의 감정에 대한 생각(EMP)을 가지고 있지 않은 사람들도 있다; 또는 사태에 대한 엄연한 사실(GIG)을 알지 못하는 사람들도 있다. 그러나 더 큰 문제는 사람들이 비도덕적으로 사고하는 것이기보다는 전혀 사고하지 않는 데 있다. 그들은 충동이나 대세에 따라 행동한다; 함께 있는 사람들이나 자신의 감정에 도취되어 행동한다. 그들은 어떤 계획을 세우지도, 방책을 마련하지도, 미래에 대해 생각하지도, 행동의 효과에 대해 고려하지도, 대안적 행동의 가능성에 직면하지도 않는다. KRAT-1이 부족하면 PHIL, EMP, GIG를 발휘하지 못하게 된다; 이는 PHIL, EMP, GIG가 계발되어 있어도 별로 소용없는 것이 된다.

윌슨(1972)에 의하면, 도덕적 토의하기는 다른 요소들보다는 KRAT-1의 계발에 더 효과적일 수 있다고 말한다(p. 33): 즉 생활 사태 가운데서 '어떤 사태가 도덕적 사태인가를 적절하게 인지하는' KRAT-1-RA, 도덕적 판단을 위해 '인지된 도덕적 사태에 대해 철저하게 사고하는' KRAT-1-TT, 이어서 도덕적 행동을 위해 '철저한 사고에 기초한 도덕적 판단(결정)을 하는' KRAT-1-OPU의 계발에 더 효과적인 방법이라고 말한다.

제9장

규칙 지키기[47]

　이 장에서는 규칙 지키기를 규칙과 구조, 계약과 결정 절차, 그리고 실제적 방법으로 나누어 살펴본다.

1. 규칙과 구조

　윌슨(1972)은 학교를 비롯한 그 밖의 기관들이 가지고 있는 규칙과 권위는 그 자체가 목적이라고 볼 수 없다고 말한다(p. 55). 그

---

[47]　이 장은 남궁달화 『도덕교육과 수행평가』 pp. 77~93의 것을 일부 수정한 것임. 그리고 인용표시가 되어있지 않은 윌슨의 말 대부분은 그의 책, *Practical Methods of Moral Education* 제3부 Rules and Contracts(pp. 55~86)에서 발췌, 요약한 것임

러므로 규칙이나 권위에 문제를 제기하고, 그것이 옳은지 그른지에 대해 생각해 보는 것은 항상 가능하다. 다른 식으로 말하면, 사람들에게 생각하게 하고, 합리적으로 마음을 결정하게 하는 것이 먼저이고, 규칙과 권위의 기능은 이러한 목적에 종속되는 것임에 틀림없다. 이러한 생각은 전체주의 또는 독재주의 사회에 대비되는 자유주의 사회의 기본적 가정이다. 때로 사람들은 자유주의 사회는 당신이 하고 싶은 대로 할 수 있는 사회인 데 비해, 전체주의 사회는 시키는 대로 하는 사회를 의미하는 것으로 생각한다. 그러나 실제로 모든 사회는 규칙과 권위를 가지고 있다. 두 사회체제 간의 실제의 차이는 규칙과 권위의 기능을 무엇으로 생각하는가에 있다. 자유주의 사회에서 그 기능은 사람들이 스스로 생각할 수 있도록 그들에게 자유와 안정을 주는 것이다. 전체주의 사회에서 규칙과 권위는 개인의 마음을 결정하여 준다. 그에게는 사고나 질문이 허용 되어 있지 않다; 규칙에 복종하도록, 또는 당국이 그를 위해 (또는 그들을 위해) 가장 좋다고 생각하는 것을, 그것이 무엇이든 간에, 주입하도록 되어 있을 뿐이다. 우리가 나찌 독일과 같은 전체주의 사회에 반대하는 것은 그들이 나쁜 규칙과 나쁜 권위를 가지고 있었기 때문만이 아니다; 훨씬 더 중요한 것은 그들이 사람들에게 무엇을 생각하도록 말할 수 있는 권리를 가지고 있다고 생각했던 점이다. 그들은 그들이 원했던 신념의 사람들을 만들어 내기 위해 규칙과 권위를 사용했다.

그러나 일단 우리가 이러한 것을 이해하고 나면 또 다른 것이 분명해진다; 즉 당신이 가지고 있는 규칙과 권위가 무엇인가는 전체주의 사회에서만큼이나 자유주의 사회에서도 중요하다는 것이다. 당신은 사람들을 그냥 놔두거나 전혀 규칙을 가지지 못하게 하는 방법으로는 그들이 자유롭고 합리적으로 사고하는 교육을 도와줄 수 없다. 왜냐하면 '우리는 규칙을 따르지 않고서는 인간일 수 없기 때문이다'(Wilson, 1972, p. 56). 규칙은 게임, 기업, 자동차 운전, 사람들의 음식과 거처할 곳의 마련, 그밖에 모든 다른 인간 활동을 위해서도 필요하다.

규칙 지키기는 인간과 다른 동물을 구별해 주는 하나의 척도가 되기도 한다. 그러나, 만약에 사람들이 항상 규칙에 복종한다면, 그리고 결코 규칙에 문제를 제기하지 않고 단지 규칙이 정하고 있는 행동유형을 따르기만 한다면, 우리는 사람과 전적으로 본능에 지배받는 동물들(예: 둥우리를 짓는 새, 개미, 벌 등)을 구별할 수 없을 것이다. 이는 인간은 순응하지 않을 수도 있다는 뜻이다. 이는 인간 개념의 일부다; 인간은 규칙을 따르더라도 어느 정도 의도적이고 자신의 자유의지로 그렇게 하기 때문이다. 마찬가지로 그리고 똑같은 이유로 인간에게는 무질서가 불가능하다: 적어도 인간이 된다는 것은 언어와 의미를 지배하는 규칙에 순응한다는 뜻이기 때문이다. '우리는 언어규칙을 따르지 않고서는 생각하거나 말을 할 수 없다. 언어규칙을 배우지 않은 아이는 인간으로 성장하지 못할 것이다'(Wilson, 1972, p. 56).

2. 계약과 결정 절차

그러나 일반적으로 어린 아이들은 의미 있는 방식으로 규칙을 만들 수 있는 능력이 없다. 그러므로 어른들이 먼저 그들에게 어떤 규칙을 따르도록 하지 않는다면, 그들은 그것을 이해할 수 없을 것이다. 그렇게 함으로써만이 그들은 규칙의 전체적 아이디어와 목적을 이해할 수 있을 것이다; 부모와 교사는 그들을 규칙이 적용되는 상황에 실제로 입문시킬 수 있다; 그들이 더 나이 먹고 세상에 대해서 더 배우게 될 때 합리적인 방식으로 그들의 마음을 결정할 수 있을 것이라는 희망을 가지고 말이다. 우리는 아이들이 어른이 되어 스스로 삶의 방식을 선택하도록 허용하기 전에는 그들에게 자유를 주지 않는다; 그러나 아이들이 자라면 자랄수록 점점 더 많은 자유를 준다.

그러나 어린이 또는 청소년들이 성인으로 간주되어 부모와 교사가 그들에게 부여한 특정한 규칙으로부터 자유롭게 되었을 때일지라도, 그것으로 그들이 모든 규칙으로부터 자유롭게 되는 것은 아니다. 그들은 크든 작든 어떤 사회 집단의 구성원으로서 존재한다. 그러나 '그것이 어떤 것이든 이는 사실상 그들이 어느 정도 의식적으로 모종의 계약에 입문하는 것을 뜻한다. 이것은 노동자와 사용자, 또는 한 사람의 기업인과 다른 기업인 간의 계약과 같은 분명하고 일반적인 계약은 아닐 수 있다; 그러나 그것도 똑같은 계약인 것이다'(Wilson, 1972, p. 60).

여기서는 특정한 게임을 할 것인지 안할 것인지를 선택하는 관점에서 계약 선택하기에 대해 생각해 보는 것이 도움이 될 것이다. 축구하기, 카드놀이하기 등을 선택함으로써 우리는 다른 사람들과 공유하고 있는 일련의 특정한 규칙에 복종할 것을 계약한다. 흔히 규칙은 있을 수 있는 모든 가능성을 다 망라할 수는 없다; 그러므로 농구나 축구의 심판과 같이 그것을 판단하는 권능이 부여된 권위자가 있다. 계약의 일부는 경기자들이 심판의 판정을 수용하도록 되어 있다. 이는 사회에 있어서도 마찬가지다. 어느 사회에도 규칙과 권위가 있다.

물론 계약은 양쪽으로 작용한다; 계약자는 규칙에 복종해야 할 의무가 있을 뿐 아니라 규칙을 준수하는 데 따르는 혜택도 받을 수 있는 자격이 있다. 예를 들면, 민주주의 국가에서 계약의 일부는 국민은 세금을 내고, 그 돈은 도로, 교육, 공공 의료시설 등과 같은 것에 사용된다. 대학에서 학생들은 강의에 참여하기, 책 읽기 등의 규칙에 복종할 것에 동의한다; 대신에 대학이 제공하는 교수와 학습의 기회를 가진다. 윌슨(1972)에 의하면, '계약은 일종의 규칙 지키기다. 자신들을 무정부주의자라고 말하는 사람들도 대개 (그들이 의식하고 있든 아니든) 특정한 권위 또는 특정한 종류의 규칙에 항의하고 있는 것이지 규칙을 가지는 것 자체에 대해 항의하는 것은 아니다'(p. 58).

그러나 규칙과 계약은 변경될 수 있다. 이를 변경하기 위해서는 모종의 결정 절차, 즉 규칙을 변경하는 방식에 대한 모종의 동의가 필요하다. 다음과 같은 예를 생각해 볼 수 있다(Wilson, 1972, p. 61):

자, 이러이러한 것들이 가장 사려 있는 것으로 생각되니까 우리 얼마 동안 이런 것들을 규칙으로 합시다; 그러나 아마도 우리는 장차 그러한 규칙들을 바꾸기를 원할지도 모릅니다. 그럴 경우 어떻게 할까요? 대표 한 사람을 뽑아서 그가 원할 때 규칙을 바꾸게 할까요, 규칙을 바꿀 수 있는 세 사람으로 구성된 작은 위원회를 구성할까요? 모든 사람이 투표를 하고, 과반 수 이상이 찬성할 때에만 규칙을 변경할 수 있도록 할까요? 3분의 2 이상의 다수를 요구할까요? 다른 어떤 것으로 할까요?

　우리가 어떤 방식으로 규칙을 바꾸도록 허용할 것인가에 대해 동의할 때, 우리는 또한 허용하지 않는 방식에 대해서도 동의하는 것이 된다. 예를 들어, '우리는 규칙의 변경에 대해 토의할 것입니다; 그러나 토의 중에 소리 지르거나 싸워서는 안 됩니다; 우리는 '사람들이 말하거나 지지하는 것은 허용하지만, 욕을 하거나 물건을 던지는 것은 허용하지 않습니다'라고 말할 수 있을 것이다.
　이 모든 것은 어떤 사회, 어떤 계약 사태 또는 '게임', 심지어 결혼한 부부와 같은 두 사람으로 구성된 사회에도 적용될 수 있다. 물론 우리는 모든 규칙을 항상 분명하게 설명할 필요가 없기를 바란다; 예를 들어, 잘 살고 있는 부부는 그들이 결혼할 때의 계약적 의무나 결정 절차에 대해 늘 생각하는 수고를 할 필요가 없을 것이다. 그러나 만약에 어떤 어려움이나 문제가 생긴다면, 우리는 부득이 그러한 계약에 의존하지 않을 수 없다.
　우리는 모든 개인에게 그가 좋아하는 종류의 '게임' 또는 계약을 정확하게 제공할 수 있을 것 같지는 않다. 예를 들어, 어떤 사람이 야구에서 수비규칙의 일부가 마음에 들지 않아서 그것의 개정을 요구할 수 있다. 그러나 만약에 그것이 수용되지 않는다면, 그 규칙을 지키며 야구를 하지 않으면 안 된다; 그렇지 않으면 그는 야구를 할 수 없을 것이다. 마찬가지로 어떤 사회에 있어서도 내가 싫어하는 것, 도덕적으로 부인하는 것, 불합리하고, 어리석고, 명예스럽지 못하거나 사악하다고 생각되는 것들이 있을 수 있다. 물론 나는 이러한 것들을 개정하려 노력할 것이다; 그러나 '만약에 내가 그 사회에 참여하기를 원한다면, (1) 나는 그러는 동안에 그 규칙들을 지키지 않을 수 없다. (2) 나는 규칙을 변경할 수 있도록 허용된 방식에 나 자신을 구속시키지 않을 수 없다; 왜냐하면 허용 방식에 대한 규칙은 그 자체가 바로 내가 계약한 규칙의 일부이기 때문이다'(Wilson, 1972, pp. 61~62).

우리는 우리가 부인하고 있는 어떤 규칙도 특정한 방법에 의해 그것의 개정을 시도할 수 있는 권리를 가지고 있다. 이 모든 것은 어떤 사태 또는 사회에서도 사실일 것이다. 그러나 결정 절차에 많은 사람들이 참여하도록 허용되어 있지 않은 사회도 있다. 이러한 사회에서는 규칙을 받아들이는 쪽인 '우리'와 규칙을 만드는 쪽인 '그들'로 나뉘어 지는 사회 사태가 발생할 수 있다.

규칙과 계약에 대한 적절한 이해는 규칙 지키기의 중요성이 무엇인가와 계약의 진지한 수용이 무엇인가를 알 수 있게 해 준다. 그러나 '비록 내가 진지하게 어떤 계약을 수용하고, 그것에 포함된 도덕적으로 구속력을 가진 규칙을 인정한다 하더라도, 그것이 항상 내가 그 규칙을 지킬 것이라는 뜻은 아니다; 그것은 내가 계약을 위반했을 때는 후회하고, 잘못을 인정하고, 입힌 해(害)에 대해 기꺼이 모종의 보상을 할 것이라는 것을 뜻한다'(Wilson, 1972, p. 67).

이제 권위에 대해 살펴보자. 윌슨(1972)은 권위에는 우리가 염려해야 할 것과 그러지 않아도 될 종류의 것이 있다고 말한다(pp. 68~69): 한 사람이 위임과 합법적 권력에 의해 동의 또는 수용되어 가지게 된 '권위'(예: 선출된 지도자, 팀에서 받아들인 주장-主將 등)와 특정한 영역에서 탁월한 지식이나 기술 또는 능력에 의해 가지된 '권위'(예: 갑은 폴란드 역사의 권위자일 수 있고, 을은 경주 자동차의 권위자일 수 있다 등)는 우리가 염려하지 않아도 될 권위이다. 이 두 가지 경우에는 그들의 권위가 망라하는 정도만큼 왜 우리가 그들에게 경청하고 복종해야 하는가의 정당한 이유가 있다. 그러므로 이러한 것들은 우리가 염려하지 않아도 될 권위이다. 이러한 맥락에서 아이들은 어떤 권위를 일관성 있게 수용할 수 없고 합법적으로 인정할 수 없으면 그것에 복종할 수 없다는 것과 어떤 사람들은 어떤 것에 대해 우리가 아는 것보다 더 많이 알고 있고, 이러한 상황에서 우리가 그들이 말하는 것을 수용하지 않는 것은 불합리하다는 것을 배우는 것이 중요하다.

이에 비해 합법적으로 인정되지 않은 권력, 위신, 카리스마 등에 의해 전개되는 권위는 우리가 염려해야 할 종류의 것이다. 이러한 의미의 '권위자'(권위 있는 체하는 사람이라고 말하는 것이 더 좋을 것이다)는 복종해야 할 정당한 이유가 없을 때에도 복종을 얻어 내려 한다.

그는 '내가 그렇게 말했으니까' 또는 '내가 너의 아버지이니까'와 같이 복종의 이유가 되지 않을 때에도 '그렇게 하라'고 말한다. 우리는 학생들에게 '복종하기' 또는 '복종하지 않기', '순응하기' 또는 '순응하지 않기'에 대해 사고하고 판단하는 교육을 해야 한다.

3. 실제적 방법

이 절에서는 실제적 방법을 규칙과 계약, 계약의 수용, 제재와 벌, 그리고 규칙과 계약의 교수로 나누어 살펴본다.

가. 규칙과 계약

학교 규칙에 책임이 있는 교장은, 무엇보다도 먼저, 규칙은 합리적 기초를 가지고 있다는 것을 확실하게 해야 할 것이다. 그는 모든 규칙 하나 하나를 '이 규칙이 이 학교의 효능적인 기능을 위해 요구되는 것인가?'를 자신에게 물어보아야 한다. 이에 대한 대답이 교장(또는 학부모, 학생, 교직원, 교육감 등)의 의지 또는 좋아함과 싫어함을 참조하여 직접적으로 주어져서는 안 될 것이다. 윌슨(1972)은, 이에 대한 대답은 다음과 같은 두 가지 종류의 요소를 고려하여 주어져야 한다고 말한다(p. 71):

(1) 외부의 방해가 없을 때, (말하자면) '순수한 이성'이 요구하는 것은 무엇인가; 교직원과 학생들이 가능한 한 효과적으로 가르치고 배우려 할 때, 그들을 위해 실제로 필요한 규칙은 무엇인가?
(2) 공적 관계 또는 (넓은 의미에서) '정치'가 요구하는 것은 무엇인가; 비록 불합리하더라도 다른 사람들의 견해와 권력이 학교에 요구하는 것은 무엇인가?

우리는 의상과 태도에 관한 규칙은 '순수한 이성'에 의해 요구되지 않는다고 생각할 것이다; 학생들에게 그들이 이 영역에서 좋아하는 것을 하도록 허용한다면, 그들은 효능적으로 학습을 할 것이라고 생각할 것이다. 그러나 우리는 또한 특정한 환경 아래서 이러한 규칙은 '정치'에 의해 요구된다고 생각할 것이다; 부모 등은 의상과 태도에 관한 특정한 표준을 주장하면서, 만약에 이러한 표준이 만족되지 않는다면 학교에 심각한 피해가 있을 것이라고 생각할 것이다.

물론 권위의 지위에 있는 사람은 저와 같은 두 가지 요소들을 비교하면서 저러한 사례들을 검토하여야 한다. 모든 문제에 대한 명확한 해결책은 없다. 중요한 것은 우리가 마음속에서 이 같은 아주 다른 유형의 이유를 구별하여 그것들이 무엇인가를 학생들에게 제시해야 하는 것이다. 그러므로 만약에 특정한 규칙을 가져야 하는 유일한 이유가 부모가 그것을 주장하고, 그 주장은 받아들여

져야 하는 것이라면, 권위자는 학생들에게 바로 이것을 말해야 한다(그렇지 않으면 아마도 그들은 자녀들을 학교에 보내지 않을 것이고, 예를 들어, 새 수영장 건설에 기부금을 내지 않을 것이다). 이러한 종류의 정직이 없으면, 학생들은 규칙의 합리성을 이해하는 것이 매우 어려울 것이다(그리고 대부분의 어른들이 위선적이라는 인상을 불식하기 어려울 것이다).

권위의 지위에 있는 사람이 불합리한 외부 압력에 얼마나 저항할 수 있는가 또는 저항해야 하는가의 문제에 유일한 해결책이 있는 것은 아니다. 그러나 그는 그러한 압력에 위압당하지도, 자유를 위해 전력을 다하지도 않는 것이 중요하다(아무리 화려하더라도 그의 기관에 손해를 가져다 줄 수 있기 때문이다).

그러나 교장 또는 교사가 규칙이 합리적인가와 그것을 학생들에게 제시하는 것을 확실케 하는 것만으로는 충분하지 못하다. 그들은 다음과 같은 것도 확실케 해야 한다고, 윌슨(1972)은 말한다(p. 73):

(1) 규칙에는 구체적인 제재가 따르므로 이 규칙 또는 저 규칙을 위반하는 데 대한 벌이 무엇인가를 모두가 정확하게 알 수 있도록 한다.
(2) 제재(制裁)는 실제로 실시된다(되도록이면 최소한의 논의로).
(3) 이러한 규칙과 제재는, 개인적으로도 집단적으로도 절대 분명하게 구체화되고 모든 학생들에 의해 이해되어야 한다.

이러한 것이 이루어지면 시간과 분쟁을 줄일 수 있을 것이다; 무엇보다도 다음 두 가지 사이의 중요한 특징을 구체화할 수 있을 것이다(Wilson, 1972, p. 73):

(1) 법과 질서가 유지되고, 기관의 일이 잘 진척될 수 있도록 모든 사람이 (비록 기꺼이는 아닐지라도) 지키기로 동의하여 수립된 계약 및 규칙 가지기.
(2) 규칙에 대한 논의가 허용·격려되고, 학생들이 규칙을 비판하도록 가르치고, 그들 자신의 규칙을 만드는 등의 상황.

시간의 소모와 가끔씩 볼 수 있는 (많은 현대 기관의 특징인) 대혼란은 이러한 특징이 흐려져서다. 여기서 지극히 중요한 점은 규칙을 변경하는 규칙, 즉 이차적 규칙의 문제다. 규칙을 정하는 규칙, 즉 일차적 규칙과 같이 이 규칙도 '합리성에 기초되어야 하고', '합리적으로 제시되어야 하고', '구체적이고 강제적인 제재가 포함되어야 한다'는 준거들을 만족시켜야 한다. (학교 위원회, 학생 조합 등과 같은) 기관 또는 (항의, 시위, 파업과 같은) 규칙을 변경시키는 방법에 인정된 범위가 분명하게 정의되어야 한다; 그리고 합법적인 또는 불법적인 구체적 예가 명시되어야 한다. 여기서 일차적 규칙 이상으로 모든 사례를 미리 구체화하는 것은 가능하지 않지만, 될 수 있는 대로 많이 구체화하는 것은 가능하고 바람직하다. 그러므로 우리는 '항의 행진'이 수용될 수 있는가 없는가에 대해 미리 말하기를 원하지 않는다. 그러나 우리는 적어도 폭행, 교통이나 정상적인 일의 방해, 다른 사람을 방해하는 것을 불법적인 것으로, 공원에서의 평화로운 모임에 반대되는 것으로 구체화할 수 있다.

나. 계약의 수용

규칙 지키기 교육에서 교장이나 교사가 아동·학생들과 함께 규칙과 계약을 만들어 제시하는 것만으로는 충분한 것이 되지 못한다. 그들은 학생들에게 규칙과 계약의 수용을 확실하게 해야 한다. 계약을 수용한다는 것은 진실로 규칙을 지키겠다는 의도를 가지는 것 또는 선언하는 것을 의미한다. 이것은 또한 개인이 규칙을 위반하면 제재가 적용되어야 한다는 데 대한 동의와 규칙을 지키면 가능한 한 보상을 하겠다는 의도를 포함한다. 만약에 이러한 것들이 포함되지 않는다면, 우리는 그 사람이 계약을 진실로 수용했다고 말할 수 없을 것이다. 이 맥락에서 교사가 학생들에게 말해야 하는 것은 다음과 같은 것이다(Wilson, 1972, p. 75):

여러분은 이 학교의 구성원이 됩니다. 여기에 규칙이 있습니다; 이에 대해 우리는 많은 생각을 했고, 이것은 대부분의 합리적인 사람들의 만족을 정당화시켜 줄 수 있다고 생각합니다(어떤 점에서는 규칙과 정당화가 구체적으로 논의될 수 있다); 자, 여러분은 아직도 그 중의 일부는 불합리하다고 생각할지 모릅니다; 우리는 여러분에게 그렇게 말할 수 있는 기회를 충분히 줄 것입니다. 그러나 왜 그렇게 생각하는지를 말해 보세요; 여러분이 참여하여 규칙을 개정할 수 있는 여러 기구가 있습니다(이것 역시 구체적으로 논의될 수 있다). 물론 우리는 여러분이 모든 규칙을 항상 지킬 것으로 기대하지는 않습니다; 우리는 누구나 정서, 이기심, 망각 등에 의해 흔들릴 수 있습니다; 그러나 이 모든 것이 인정된다 하더라도, 여러분은 규칙과 계약을 수용하겠습니까? 여러분은 규칙과 계약을 지키기로 약속을 하겠습니까? 여러분은 자신이 규칙과 계약에 구속되어 있다고 생각할 수 있겠어요? 또는 여러분의 태도는, 만약에 벌을 받지 않고 해낼 수 있다면 일부의 규칙과 계약을 위반해도 정당화될 수 있다고 느낍니까?

학교가 학생들이 규칙과 계약을 지킬 수 있도록 권유하는 방법에는 다음과 같은 것들도 있을 수 있다(Wilson, 1972, p. 76):

(1) 학생들에게 그들이 구성원이 되기에 앞서 계약서를 제시한다.
(2) 계약서를 규칙적인 간격을 두고 계속해서 제시한다.
(3) 학생들이 그들의 수용을 표시하고, 계약서에 실제로 서명하는 모종의 형식적 의식을 가진다.
(4) 그 후 학생들이 계약을 위반하면 그들의 동의가 무엇이었는가를 구체적인 형식으로 상기할 수 있도록 서명된 계약서를 사용한다.

아마도 교사들은 다른 방법을 생각할 수도 있을 것이다. 어떤 학생이 우리에게 '이것은 불공정합니다; 나는 동의를 강요받고 있습니다. 왜냐하면 나는 이 학교의 구성원이 되기를 원하지 않았기 때문입니다'라고 말한다면, 우리는 그에게 무어라고 말할 수 있는가? 우리는 다음과 같은 대답을 생각해 볼 수 있을 것이다(Wilson, 1972, p. 76):

그래요, 여러분은 강요받고 있어요. 그러나 이것은 불가피한 일이에요. 이 사회에서는, 여러분이 이 사회에 태어난 것이 행운이든 불행이든, 일정한 연령 이전의 사람들은 학교에 다니지 않으면 생존할 수가 없어요. 이것이 사회를 운영하는 옳은 방식인지 아닌지는 논란이 될 수 있지만, 우리는 이것이 옳다고 생각해요. 만약에 여러분이 이것이 옳지 않다고 생각하면, 적절한 방법에 의해 그것을 개정하도록 많은 사람들을 설득해야 합니다. 하지만 우리는 우리 자신의 즐거움을 위해 여러분을 강요하는 것만은 아닙니다; 우리는 여러분을 가르치고 돌보아줍니다. 이것이 사실일진대, 여러분은 계약에 동의하는 것이 합리적이라고 생각하지 않습니까?

다. 제재와 벌

한편, 교육자들은 최소한의 법과 질서를 유지하는 데에도 어려움을 가질 수 있다. 그러므로 제재와 벌의 개념을 면밀하게 살펴볼 필요가 있다. 먼저, 교사는 벌에 대한 올바른 견해를 가지는 것이 중요하다. 구체적인 벌, 재제 또는 처벌은 규칙이 운용되는 체제에 살고 있는 사람들이 그것을 구체적으로 위반했을 때, 권위자에 의해 그들에게 주어지는 불유쾌한 것이다. 일반적으로 이러한 체제에서 규칙을 위반했을 때 처벌이 따르는 것은 규칙이 가지고 있는 개념의 일부다. 이것이 벌이 무엇인가다; 이것은 규칙이 있는 곳에는 항상 벌도 함께 있다는 뜻이다. 그러나 벌이 교사 또는 권위자의 보복적이거나 화난 감정으로부터 이끌어져서는 안 된다. 벌은 교사(또는 학생들)의 감정과는 전혀 관계가 없는 것이다; '이것은 단지 규칙의 위반에 따르는 논리적 결과일 뿐이다'(Wilson, 1972, p. 78).

학생들이 벌이란 '그들' 권위자들이 '우리들' 학생들의 기능을 파괴시키는 것이라고 겉 치례하지 않도록 벌의 이러한 본질적 비개인성이 학생들에게 전달되어야 한다. 권위자들이 계약과 제재를 수립하는 데 학생들과 협조하면 할수록 더 좋을 것이다. 그들은 결과적으로 다음과 같이 말할 수 있을 것이다(Wilson, 1972, p. 78):

자, 우리가 필요로 하는 규칙이 무엇인가를 살펴봅시다; 좋아요, 우리는 X, Y, Z라는 규칙이 필요해요; 자, 우리 모두는 우리가 흔히 충동적이고, 화를 내고, 이기적이고, 게으르고 등을 알고 있어요; 그렇다면 확실하게 규칙을 규칙이게 하고, 그것이 지켜지도록 하기 위해서는 이러한 규칙에 어떤 벌 조항이 필요할까요? (흔히 학생들은 교사들보다 더 좋은 제안을 할 것이다.)

그러나 학생들이 규칙을 위반했을 때, 교사는 의지가 도전받는 사람, 가짜 신(神), 또는 비웃는 권위자의 태도를 취해서는 안 될 것이다; 물론 다른 때에 교사가 (말하자면) 보다 인간으로서의 모습을 보이는 것은 중요하다; 대부분의 시간에는 학생들을 좋아하고, 좋은 관계를 가지지만, 때로는 싫증도 내고, 분개도 하는 인간으로서의 모습을 보이는 것도 중요하다. 중요한 것은 계약체제와 이러한 개인적 고려를 분리하는 것이다; 학생들은 규칙과 벌이 필요하다는 것을 배워야 한다; 어른들이 규칙과 벌을 원해서가 아니라 인간의 삶의 유형은 그것이 어떤 것이라도 규칙과 벌이 요구되고 있기 때문이다. 우리가 사람으로서의 재판관과 법률시행자로서의 재판관을 구별하는 것과 마찬가지로 학생들도 사람으로서의 교사와 규칙관리자 또는 심판으로서의 교사를 구별하여야 한다.

한편 우리가 선택하는 구체적 유형의 벌은 규칙의 준수를 확실히 하는 데 효과적이어야 한다; 그러나 규칙은 벌과 마찬가지로 불유쾌한 것임에 틀림없다. 계약의 참된 수용은 규칙을 위반함으로써 야기 시킨 손상이나 고통을 기꺼이 배상하는 것을 포함한다. 그러나 우리가 말해야 하는 것은, 예를 들어, 순종이가 영현이의 시계를 교실 바닥에 집어던져 깨버렸을 경우 '너는 의도적으로 영현이의 시계를 깨버렸다; 그것은 값도 비싸고 그를 속상하게 하는 일이다; 나는 네가 그에게 새 시계를 사 주는 벌을 내리겠다'는 식은 아니다. 이것은 제지로서는 좋은 방식이 아닌 것 같다; 아마도 그 학생은 새 시계를 사는 데 부담을 느끼지 않는 부자일 수 있기 때문이다. 한편, 그는 정말로 미안해서 새 시계를 사 주는 배상을 진정으로 원할 수 있다. 이러한 경우에 우리는 다음과 같이 말해야 할 것이다(Wilson, 1972, p. 79):

순종아, 너는 의도적으로 영현이의 시계를 깨버렸다; 자, 규칙에 의하면, 너는 그 같은 종류의 것을 다시는 하지 못하도록 어떤 방식으로든 제지되어야 한다(여기서 우리는 그를 벌할 수도 있고 또는 그가 좋아하지 않는 것을 할 수도 있다); 그리고 이것은 아주 다른 것인데, 영현이가 더 이상 시계를 가지지 못하게 된 것은 너의 잘못 때문이다; 그러므로 네가 할 수 있는 최소한의 것은 그에게 새 시계를 사 주는 것이다.

그러나 학생들 중에는 명시적이고 의도적으로 학교와 교사에게 반대하고, 어떤 종류의 계약에 대해서도 수용할 움직임이 없고, 전혀 동의하거나 복종할 것 같지 않은 학생들도 있다. 이러한 경우 일단 교사가 그러한 것을 확인하면, 이것은 실제에 있어서 물러설 여유가 없는 전쟁(?)이라는 것을 분명하게 할 필요가 있다. 윌슨(1972)에 의하면, '교사가 물러서서는 안 되는 이유는 첫째, 학교가 무질서해지고 교수가 방치되기 때문이다. 둘째, 하나의 기관으로서 학교를 정의하고 있는 특정한 계약이 조롱받기 때문이다. 셋째, 이것이 학생들에게 하나의 모델 또는 전형적 사례가 되어서 앞으로 있게 될 다른 계약에 대한 그들의 태도와 이해가 지금 여기서 일어나고 있는 것에 의해 영향을 받을 것이기 때문이다'(p. 80). 학생들에게 벌을 주는 것은 엄격하게 말하면 교육적 이유에서다; 편의를 고려해서만이 아니다. 그러므로 교사가 하지 말아야 할 것이 하나 더 있다; 이러한 경우에 그는 뒤로 물러나거나, 패배를 수용하거나, 조용한 삶을 위해 모종의 타협을 하거나, 또는 문제가 없는 체해서는 안 된다.

라. 규칙과 계약의 교수

이제, 보다 구체적이고 직접적으로 규칙 지키기의 교수에 대해 살펴보자. 앞 장에서 살펴본 토의하기는 규칙 지키기의 교수를 위해서도 일반적으로 활용될 수 있는 방법이다. 여기서는 계약의 다양성, 계약과 규칙의 목적, 규칙의 변경 가능성, '권위'의 의미 등을 학생들에게 이해시키려 노력할 때 교사가 고려해야 할 다음과 같은 세 가지 기본적인 상황에 대해 살펴본다(Wilson, 1972, p. 82):

(1) '학술적' 상황: 일반적으로 교실수업에서 이루어지는 상황
(2) 예시의 사용: '실제생활'의 예시, 모의 사태, 학생들 자신의 경험으로부터의 설명(예: 그의 가족생활에서 어떤 '계약'이 있는가?) 이거나 역사, 법률사례, 실제계약(예: 노동자와 사용자 사이)으로부터의 사례연구
(3) 참여의 상황: 여기서 학생들은 계약과 규칙을 구안하고 준수

하는 데 참여한다(예: 학교위원회로서, 춤이나 소풍 등을 준비할 때)

이 세 가지는 모두 중요하다; 하나하나만으로는 충분하지 않다. 아마도 참여 상황은 특히 학교에서 격려되어야 할 것이다; 왜냐하면 학생들이 분명하게 '결정적인 것', 즉 특정한 규칙을 제정하거나 위반하는 실제의 결과를 볼 수 있는 것은 참여사태에서 뿐이기 때문이다. 그러나 마찬가지로, 만약에 학술상황과 예시가 사용되지 않는다면, 이러한 사태로부터 생길 것으로 기대되는 학습이 일반화되지 않을 것이고, 따라서 규칙이 운용되는 다른 사태에 전이되지 않을 것이다.

규칙 지키기 교수에서 학술적 상황은 일반적인 교실수업 상황이므로 특별히 살펴볼 것이 없을 것 같다; 여기서는 사회적 상황에서 사용할 수 있는 예시와 상황을 10여 개 열거해 본다(Wilson, 1972, pp. 83~84).

(1) 특별한 과제를 중심으로 하지도 않고, 사회규칙의 수립에서 처음부터 실질적인 많은 책임이 학생들에게 부과되는 비지시적 과외활동 사태(예: 여름 캠프, 생존사태, '무인도' 사태)[48]

(2) 학생들이 책임질 수 있는 구체적인 과외활동 과제(학교 소풍, 오락 준비, 자원봉사 조직, 가게나 작은 규모의 기업 운영하기)

(3) 조직하고 참여하기에서 학생들이 실습을 할 수 있는 학내 사

---

[48] 유혜경 역, 『파리대왕』, 1993(William Golding의 *Lord of the Flies*) 등을 참조하시오.

태(교과의 실제 교수/학습, 조회, 학교 위원회, 음식 준비하기, 장식하기, 수선하기, 건축하기 등)

(4) 집단을 염두에 두고 이루어질 수 있는 (a) 특정한 과제를 가진 모의 사태 또는 게임(예: 살인 재판, 정치적 캠페인 벌리기)과, (b) 특정한 집단 기능을 가지지는 않지만 집단이 발전할 수 있는 정치적, 사회적 규칙에 집중하여 이루어질 수 있는 모의사태 또는 게임('무인도' 사례)

(5) 역사, 문학 또는 법률에서 (a) 확실한 계약 지키기와 계약파기, (b) 불확실한 계약 지키기와 계약파기에 대한 설명과 토의

(6) 다른 규칙을 요구하는 광범위하게 다양한 다른 상황의 사용, 특히 '즉시적 복종'과 '민주적 토의' 차원에서의 다양한 상황 (예: 한편으로 군대 복무하기, 상선의 승무원으로서 근무하기, 또는 간호사로서; 다른 한편 위원회에 참석하기 또는 친구와 함께 무엇인가를 결정하기). 이 같은 다양한 상황에서 역할 하기는 여기서의 하나의 명백한 기법이다.

(7) 역할 교환하기; 특히 학생들이 추상적으로 이해하기가 어렵다고 생각하는 역할, 또는 편견을 가지고 있는 역할(예: 학생들을 교사, 십장, 관리인, 경찰관 등으로 역할하게 하기)

(8) 학생들을 여러 가지 사회적 의식(儀式) 또는 관습에 익숙케 하기(전통적인 춤, 보기 드문 종교적 의식 등)

(9) 학생들을 통치양식의 축도(縮圖) 상황에 있는 다양한 권력구조(독재정권, 과두정치 등)에 익숙케 하기

(10) 학생들을 여러 가지 결정·절차에 익숙케 하기(주사위 던지기,

한 사람에게 복종하기, 투표하기, 가장 목소리가 크거나 강한 사람에게 제 멋대로 하게 하기 등)

이상의 모든 상황과 교사가 구안할 수 있는 다른 상황에서 학생들은 다음과 같은 문제를 제기하고 답할 수 있도록 격려되어야 한다(Wilson, 1972, pp. 84~85):

(1) (규칙이 운용되는) 이러한 사태에서 권위는 어디에 있는가? 개인의 의지에 있는가, 아니면 집단의 의지에 있는가? 성문화된 규칙에 있는가? 성문화되지 않은 기대인가?
(2) 구체적으로 이 사태를 지배하는 규칙은 무엇인가?
(3) 그 규칙에는 어떤 제재가 부가되어 있는가? 그것은 구체화되어 있는가, 아니면 다른 사람들의 일반적 부인으로 구성되어 있는가? 제재는 시행되고 있는가?
(4) 규칙 중에는 애매하거나 모호한 것이 있는가? 그것은, 예를 들어, '외설적' 또는 '타락할 경향성이 있는' 것으로 간주되는 것이 분명한가?
(5) 규칙은 그것의 목적을 실현시켜 주고 있는가? 규칙은 합리적이고 필요한 것인가?
(6) 이 '게임' 또는 규칙·운용 체제의 목적은 무엇인가? 그것은 실제의 게임과 같이 우리가 그 자체를 위해 해야 하는 것인가, 아니면 모종의 산출이 기대되는 것인가(토의가 진리를 기대하고, 사회적 규칙이 사회적 편의를 기대하는 것처럼)?

(7) 우리는 특정한 규칙의 위반에 대해 어떻게 배상을 하는가? 이러한 위반은 어떤 종류의 피해를 가져다주는가? 시간이나 말썽의 경비는 무엇인가?

(8) 우리는 X 또는 Y라는 규칙을 위반할 때 어떤 유혹을 느끼는가?

(9) 일반적으로 규칙을 싫어할 때, 그리고 그것에 저항할 때 우리는 어떤 유혹을 느끼는가? 또는 그것의 준수를 지나치게 걱정할 때?

(10) 규칙을 만들 때, 우리는 지나친 엄격성 또는 지나친 소홀에 대해 어떤 유혹을 느끼는가?

도덕적으로 교육된 사람은 '합리적'이고 '자율적'인 사람이다. 그러나 이 말이 도덕교육은 규칙, 복종, 계약 및 권위와 아무런 관계가 없다는 뜻은 아니다. 그렇기는커녕 다른 사람의 이익에 대한 관심(PHIL)은 규칙과 계약의 준수를 요구한다. 도덕교육의 주요한 부분은 학생들이 이러한 관심을 계발하고, 규칙 지키기의 실패가 다른 사람의 감정(EMP)과 일반적인 사회적 사태(GIG)에 어떻게 영향을 미치는가의 의식을 증가시키고, 그들이 이러한 관심과 의식에 따라 살아갈 수 있도록 동기를 길러 주는 것(KRAT)이다. 그러므로 이 영역은 모든 '도덕성 요소들'이 요구되고, 이들 요소는 규칙 지키기에 의해 계발될 수 있다.

제10장
가정모형 적용하기[49]

이 장에서는 사회적 바탕과 가정모형의 개념, 도덕수업이 이루어지는 학급에 가정모형 적용하기에 대해 살펴본다.

1. 사회적 바탕과 가정모형의 개념

도덕교육은 교사가 학생들에게 도덕적 문제를 도덕적 규칙에 따라 사고하고 판단하여 실제 생활에서 행동할 수 있도록 도와주

---

[49] 이 장은 남궁달화 『도덕교육과 수행평가』, pp. 95~104의 것을 일부 수정한 것임. 여기서 인용표시가 되어있지 않은 윌슨의 대부분의 말은 그의 책, *Practical Methods of Moral Education*, 제4부 the School Community(pp. 87~149)에서 발췌, 요약한 것임.

는 일이다. 이를 위해서는 제5장에서 살펴본 '학술적' 상황과 '사회적' 상황을 상호 참조할 수 있는 여건이 마련되어야 한다. 여기서 우리가 관심을 가져야 하는 것은 도덕성 요소가 작용하는 도덕교육 방법에 적합한 사회적 상황을 마련하는 일이다; 학생들이 정서적 교감을 나눌 수 있고, 인간관계가 충분히 배려될 수 있는 '사회적 바탕'을 마련하는 일이다. 이러한 '사회적 바탕'은 도덕적 영역에서 학생들의 도덕적 동기를 계발하는 데 작용한다. 우리의 학교 구조는 저러한 사회적 바탕이 부족한 것 같다. 윌슨(1972)이 말하는 도덕교육을 위한 사회적 바탕은 다음과 같은 것들이다(p. 105):

가. 안정된 집단동일성 욕구를 충족시켜 줄 수 있는 구조
나. 자신감, 성공감, 다른 사람에게 도움을 주고 다른 사람이 나를 원하는 자아동일성 욕구를 충족시켜 줄 수 있는 구조
다. 성인과 밀접한 개인적 접촉을 할 수 있는 구조
라. 부모상(父母像)과 권위가 수립된 구조
마. 협동적 활동이 이루어질 수 있는 구조
바. 학생들이 참여할 수 있는 구조 등

이러한 구조들은 소속감, 자아동일성, 개인적 접촉, 권위, 협동, 참여의 중요성과 관련된 사회적 바탕이다. 그러나 대부분의 학교에서 이러한 중요성을 고려하는 교육이 잘 이루어지고 있는 것 같지는 않다. 우리는 학교의 사회적 바탕을 마련할 수 있는 '모형'으로 무엇을 사용할 수 있을까? 윌슨(1972)은 가정모형을 사용하는

것이 가장 바람직하다고 말한다. 그가 가정모형을 도덕적 동기 계발을 위해 학교 또는 학급50에서 사용할 수 있어야 한다는 주장은 다음과 같은 가정의 기능에 기초해서다(p. 106):

첫째, 가족은 한 곳에 살고 있고 그들을 결속하는 분배의 형식을 가지고 있다. 그들은 경제적 단위뿐 아니라 음식, 휴식, 그리고 일의 영역 밖에서 이루어지는 일반적인 삶의 측면을 함께 한다. 둘째, 아이들은 부모(및 형제)와 강력한 정서적 관계를 가지고 있다. 어머니와 아버지로부터 승인과 부인, 사랑, 분노, 그 밖의 모든 정서가 나온다. 아이들은 이러한 것들을 학습하고, 이어서 부모에게로 되돌려준다. 아이들은 아버지나 형을 기쁘게 하는 것, 어머니를 도와드리는 것, 언니에게 보상받는 것, 작은 어머니나 조부모의 마음을 끄는 것 등을 배운다. 아이들은 이러한 사람들을 자기 자신으로 간주한다; 그들은 아이들이 가지고 있는 전부다.

---

50 윌슨이 학생들의 도덕적 동기 계발을 위해 '가정모형'을 학교에서 사용해야 한다고 주장한 학교는 '학급'이기보다는 '기숙사'를 통해서다. 그러나 한국의 학교와 교육 현실에서는 도덕교육, 특히 도덕적 동기계발을 위한 기숙사 제도의 여건이 마련되어 있지 못한 실정이다. 그러므로 나는 여기서 기숙사를 통한 접근 대신에 학급을 통한 접근으로 학생들의 도덕적 동기 계발을 시도하려고 한다. 다시 말하면, 윌슨이 제시하고 있는 '기숙사 방법' 대신에 그것을 원용하는 이른바 '학급 방법'을 취하고 있음을 밝혀 둔다.

2. 학급에 가정모형 적용하기

윌슨이 말하는 가정은 4~5명으로 구성된 가정이다. 물론 이 모형의 타당성은 학교가 가정이 되어야 한다거나 교사를 부모로 대체해야 한다는 뜻은 아니다; 특정한 종류의 욕구가 만족되고, 특정한 종류의 학습사태가 자연스럽게 구성되고, 우리가 찾고 있는 저러한 구조로 구성된 '사회적 바탕'이 자연스럽게 나타날 수 있는 '학급'을 뜻한다. 이는, 학생들이 가정에서처럼 학급에서도 (1) 집단동일성, (2) 배려, 자신감과 성공감, (3) 밀접한 개인적 접촉, (4) 교사의 권위, (5) 협동, (6) 참여가 작용할 수 있는 사회적 바탕의 마련을 뜻한다.

오늘날 대부분의 학교는 저러한 요소들을 학교의 사회적 구조에 반영시키려는 진지한 노력을 별로 하고 있는 것 같지 않다. 학교는 주로 지식이나 정보를 전하는 것으로 생각되고 있다. 다시 말하면, 학교는 지식과 문화를 전달하고 도덕교육은 가정에서 해야 한다는 생각이다. 그러나 이러한 생각은 잘못된 것이다; 우리는 그것이 왜 잘못된 것인가를 알아야 한다. 윌슨(1972)은, 사람들이 이렇게 생각하는 것은 주로 다음과 같은 두 가지 이유에서일 것이라고 말한다(pp. 106~109):

첫째, 도덕교육은 아이들이 가정에서 배우는 방법 이외에 달리 배울 수 있는 또는 배우기를 원할 수 있는 방법이 없다는 생각 때문이다; 즉 학교에서는 도덕교육을 위한 안정된 '사회적 바탕', 성인과의 밀접한 접촉 등을 할 수 있는 방법이 없다고 생각하기 때문이다. 이는 학교 또는 학급에서 가정모형의 도입을 통한 도덕교육의 필요성을 말해 주는 것이 된다. 가정모형은 정말이지 아이들의 모형이고 도덕적 동기계발을 위한 모형이 될 수 있다. 이러한 모형의 적용이 없이 학교에서 효과적인 도덕교육을 기대하기는 어려울 것이다.

학생들의 교육에 대한 관심을 비롯한 학습 동기는 무엇에 의해 그리고 어떻게 일어나는 것일까? 광범위한 학술 교육과정의 내재적 매력으로부터 나오는 것일까? 아마도 그럴 것 같지는 않다; 왜냐하면 학생들, 특히 초·중등학교 학생들의 처지는 아직도 인위적이고 비실제적인 면이 많이 있기 때문이다. 학교는 학습을 위한 기관이지 즐거움이나 재미있는 시간을 보내기 위한 기관은 아니라고 생각해 보자. 그리하여 아이들이 학습에 대한 관심, 흥미, 동기 등과 같은 정서적 투자가 없다면, 그들의 학습이 잘 이루어질 수 있을까? 아마도 그렇지 못할 것이다. 이의 결과는 그들에게 좋은 직업, 대학진학, 높은 생활수준을 위한 기회를 제공하지 못할 것이다. 학급 또는 학교가 도덕교육을 위한 정서를 산출할 수 있는 가족 제도와 같은 것을 수립하지 못한다면, 도덕성 계발을 위한 학생들의 동기를 확보하기 어려울 것이다. 우리는 학교에서 도덕교육을 위한 심리적, 사회적 바탕을 마련할 필요가 있다. 이를 위해서는 학급에서 가족모형을 적용할 수 있어야 한다.

둘째, 가정모형이라 하더라도 현대 도시 가정은 불충분하다는 생각 때문이다. 이것은 부모의 직장사태를 아이들에게 실제적이게 하는 데 어려움이 있다. 이와는 대조적으로 우리가 농촌에 있는 아이들을 다룬다고 생각해 보자. 부모는 중요한 의미에서 '집에 있고', 어머니는 집안일을 하고, 음식을 만들고, 아이들에게 신경을 쓴다; 아버지는 농작물을 돌본다. 자녀들은 어머니와 아버지를 도와드리며 (또는 방해하며) 어머니를 따라 다닐 수도 또는 아버지를 따라 다닐 수도 있다. 그들은 '실제' 사태의 일부다; 여기서 '실제'란, 아무리 자녀들이 우둔하다 하더라도, 만약에 소가 달아났다거나 그릇이 깨졌다면 실제로 불운이 발생한 것을 볼 수 있다는 의미에서의 실제다. 그것은 단지 부모나 교사에 의해 이야기되는 어떤 것이 아니다. 그들은 비인위적인 세계에서 그들 자신과 부모와 형제자매의 행동의 결과로서 유쾌한 것과 불쾌한 것들 모두를 항상 결정적 요소로서 의식하고 있다.

이에 비해 도시 가정에서의 아버지는, 아이들은 잘 알지도 못하고 이해하기도 힘든 일을 하기 위해 직장에 출근하는 경향이 있다. 어머니도 직장에 출근할는지 모른다. 어머니가 설사 집에 있다 하더라도 주부와 육아자로서의 역할을 최소한도로 줄이고 있는 실정이다. 그 결과 아이들은 어머니가 하는 일을 배우기 어렵다. 아이들이 결코 이해할 수 없는 복잡한 경제가 비교적 가까이에서 그들을 둘러싸고 있다.

앞에서 살펴본 바와 같이 학교에서의 가정모형의 적용은 전통적 가정모형이 더 바람직하다; 왜냐하면 그것이 보다 가족적이기 때문이다. 윌슨은 가정모형에는 두 가지 중요한 도덕적 동기 요소가 함의되어 있다고 말한다: 하나는 '활동을 통한 자아존중'에서 비롯되는 것이고, 다른 하나는 '집단적 책임과 제재'에서 비롯되는 것이다.

가. 가정모형과 도덕적 동기: 활동을 통한 자아존중

윌슨은 활동을 통한 자아존중을 학급의 '사회적 바탕'이 되는 본질적 전제조건 중의 하나로 생각한다. 이는 학생들에게 자신감과 함께 자아 존중감, 안정감과 함께 사랑의 감정을 부여하는 작용을 할 수 있기 때문이다. 윌슨(1972)은 이를 성취할 수 있는 방법으로 다음과 같은 네 가지를 제시한다(pp. 113~116):

(1) 다양한 성공 준거를 수립한다. 만약에 우리가 공부와 게임을 잘 하는 아이들과 그렇지 못한 아이들을 구별 없이 모두 보상한다면, 그들의 자아존중감은 이전에 가졌던 것보다도 더 적어질 것이다. 그러므로 우리는 '바라는 수행'과 그들의 '보상'을 학생들의 능력에 맞출 필요가 있다. 특히 우리는 아무리 우둔하고, 서툴고, 또는 무능한 사람이라 하더라도 누구나 무엇인가에 돋보일 수 있도록 준비할 필요가 있다. 예를 들어, 학급대항 컵 또는 상품을 기획한다고 하자. 학급마다 축구경기의 승리, 시험 성적, 또는 그 밖에 무엇이든 여러 가지 활동에 대한 점수를 매겨 합계를 내도록 한다. 유명 운

동선수나 지능이 높은 학생만이 점수를 올릴 수 있도록 하지 말고, 여러 가지 활동을 선택할 수 있게 하여 구성원 모두가 무엇인가를 기여할 수 있도록 한다; 다양한 성공 준거를 제시해 수행의 성취에 따른 자신감과 자아 존중감을 경험할 수 있도록 한다.

(2) 협동적 활동에 참여하게 한다. 협동적 활동에 참여한 학생들은 자연히 무엇인가에 돋보이기를 원할 것이다; 가능하다면, 무엇인가 다른 사람보다 더 잘하기를 원할 것이다. 물론, 개인 수행의 관점에서 볼 때 실패로 분류될 수 있는 학생들도 있을 수 있다. 이러한 경우 학급이 그들을 위해 무엇인가를 할 수 있어야 한다. 예를 들어 조직된 게임을 한다거나 건설하기 또는 연극, 연주회 등을 공동으로 수행함으로써 다함께 협동적 활동과 참여에 따르는 성취감과 자아 존중감을 맛볼 수 있게 할 수 있다. 또 다른 예로서는 불행한 학생, '잘 적응하지 못하는 사람'을 격려하거나 도와주는 것을 목적으로 수업하기, 학생들에게 그들 자신의 규칙과 규율을 만들어 시행하고 관리하게 하기 등을 활용해 볼 수 있을 것이다.

(3) 학생들이 '후원하는' 기회를 가지게 한다. 학교의 특징은, 학생들이 무엇인가를 주는 쪽이기보다는 받는 쪽에 있다. 이러한 그들의 역할은 항상 피동적이고 종속적이다. 이러한 역할에 의해서는 그들의 자아 존중감을 고무하기 어렵다. 때로 학생들은 우월감을 느끼는 위치에 서 있어야 할 필요가 있다; 여기서 위치란 그들 스스로가 후원하고, 보호하고, 가

르치고, 명령하고, 통제하는 것을 의미한다. 학생들이 스스로 후원하는 기회를 통해 자신감과 자아 존중감을 경험하게 할 수 있는 방법에는 다음과 같은 것들이 있을 수 있다: 예를 들어, 학교에서는 자기보다 나이 어린 저학년 학생이나 지진아, 가정에서는 동생, 사회에서는 노인 등과 같은 그들이 직접 보호하고 돌보아줄 수 있는 사람이 있다는 것을 확실하게 하기. 학생들 각자에게 그가 가지고 있는 특정한 기술이나 능력을 다른 사람들에게 가르치고, 그로 인해 일시적으로나마 '권위자' 역할을 하는 등, 그러한 기술과 능력을 이용할 수 있다는 것을 확실하게 하기. 실생활이나 모의 사태에서, 예를 들어, 의식 집행하기, 활동 조직하기 등과 같은 실제로 학생들에게 권력과 책임과 권위를 부여하기.

(4) 신체적 온정을 경험할 수 있게 한다. 자아존중이 어느 정도 성공적인 수행, 협동적 활동에의 참여, '후원' 능력 때문에 일어날 수 있는 것은 사실이다; 그러나 이것들은 충분한 것이 되지 못한다. 단순한 신체적 접촉만으로도 아이들은 '나를 필요로 하고 있다' 또는 '사랑받고 있다'는 감정을 느낄 수 있고, 이는 그들에게 자신감과 자아 존중감으로 작용할 수 있다. 부모 또는 보호자가 아이들을 안아 주고, 만져 주는 등 직접적인 신체적 접촉을 통한 사랑의 표현은 그들에게 있어서 중요하다; 소박한 신체적 활동을 함께 나누는 온정과 의사소통은 그들에게 중요하다. 어떤 사람들은, 아이들이 성장하여 중등학생이 되면 저러한 것이 필요하지 않을 것으로

생각한다; 그러나 이는 잘못된 생각이다. 십대 후반의 아이들도 저러한 신체적 온정과 의사소통은 여전히 필요하다; 특히 어려서 저러한 것을 충분히 가지지 못한 아이들에게는 더욱 그러하다. 신체적 접촉의 방법에는 안아 주고 만져 주는 직접적인 방법 이외에도 어떤 협동적 활동, 예를 들어 운동경기, 춤추기 등이 고려될 수 있다.

나. 가정모형과 도덕적 동기: 집단적 책임과 제재

이제 가정모형이 가지고 있는 또 하나의 중요한 도덕적 동기 요소인 '집단적 책임과 제재'에 대해 살펴보자. 앞에서 살펴본 바와 같이 아이들에게 자신감, 안정감, 성공감을 길러 주기 위해 그들을 보호하고 돌보아 주는 것은 중요하다. 그러나 우리는 그들을 보호하고 돌보기만 해서는 안 된다; 그들이 책임 있는 행동을 할 수 있도록 지도해야 한다; 또한 있는 그대로의 세상에 직면하여 문제를 스스로 해결하고 극복할 수 있도록 지도해야 한다. 이에 대한 한 가지 예시로 윌슨(1972)이 청소년의 약물복용 문제를 다루는 것을 살펴보면 다음과 같다(pp. 116~117):

우리는 약물을 복용하고 있는 청소년들에게 그것이 가져다주는 결과를 지적하고 훈계하고, 때로는 법으로 위협할 수도 있다. 그러나 이 영역에 상당한 경험을 가지고 있는 교사들이 알고 있는 바와 같이, 저들 대부분은 저러한 말에 아랑곳 하지 않는다. 다시 말하면, 약물을 복용하고 있는 아이들과 십대들에게 약물을 복용하지 말라고 말하고, 약물을 입수하지 못하도록 최선의 조처를 다하는 것만으로는 소기의 성과를 거둘 수 없다. 그렇다면 우리는 무엇을 할 수 있는가? 우리가 할 수 있는 한 가지는 그들에게 특별한 정신과적 치료를 받도록 하거나, 약물중독 치료를 위해 특별히 조직된 단체에 수용시키거나, 여러 가지 방법으로 그들을 지원하고 격려하는 것이다. 물론 이것은 전적으로 어리석은 것이 아니다. 왜냐하면 약물 복용자는 배려를 요하는 심리적 문제를 가지고 있음이 틀림없기 때문이다. 그러나 이것은 인위적이라는 점에서 문제가 있다.

왜 사람들은 약물을 복용해서는 안 되는가? 이에는 여러 가지 이유가 있을 수 있겠으나 한 가지 분명한 것은, 약물복용은 다른 사람들에 대한 그들의 의무수행능력을 감소시키기 때문이다. 만약에 이것이 적어도 약물을 복용하지 않는 데 대한 한 가지 좋은 이유라면, 교육자는 사회적 상황에서 그 이유를 구체적인 예를 들어 설명할 수 있어야 한다; 순수한 학술적 상황 만에 의해서는 충분할 것 같지 않다. 그러므로 질문은 다음과 같아야 할 것이다: 학생들에게 '어떤 종류의 상황 아래서 약물복용은 세상이 요구하는 것과 조화되지 않는다는 것이 명백해지겠는가?' 그러나 약물복용이 열심히 공부하는 것 또는 축구를 잘하는 것과 조화되지 않는다는 것을 보여 주는 것이 충분히 명쾌한 것은 아니다. 우리는 그 이상을 하여야 한다; 만약에 어떤 학생들이 약물을 복용한다면, 우리는 그들을 또래에 의해 맹렬히 비난받는 사태에 두어야 한다.

　아이들의 관점에서 볼 때, 학교는 인위적일 뿐 아니라 삶의 실재로부터 떨어져 있으므로 교사는 가능한 한 간단하고 명쾌한 방식에 의해 철저하게 납득이 되는 수업을 해야 한다. 물론 아이들이 이웃에 온정을 베풀고, 어느 정도의 명성과 신용을 유지하고, 모종의 규칙, 규율을 가져야 할 필요성과 이에 따르는 책임과 제재를 충분한 의미로 이해하는 것은 쉬운 일이 아니다. 그들은 이러한 것들을 명료하게 알고 있지 못하다. 그러나 우리는 그들이 청소년이 되어서도 이러한 것들에 대해 잘 알고 있지 못하다는 것을 발견할 때 놀라지 않을 수 없다.

　약물을 복용하는 사람은 더불어 살아가야 하는 세상에서 그의 의무를 수행하기 어렵다. 자기 자신은 물론 공동체의 다른 구성원들에 대한 의무와 책임을 저버리기 쉽다. 이러한 사람들에게는 공동체의 이익이 분배되어서는 안 된다; 즉 제재가 있어야 한다. 우리는 학교 또는 학급에서도 가정에서와 같이 실제적 '삶'을 통해, 즉 '집단적 책임과 제재'를 통해 학생들이 도덕적 동기를 계발할 수 있도록 지도해야 할 필요성이 있다. 여기서 '삶'은 무엇보다도 그리고 누구보다도 아이들을 가르치는 교사가 된다; 교육자의 일은 아이들이 '삶'을 경험할 수 있도록 삶의 경험을 구안하고, 아이들에게 그것을 일반화하도록 격려하는 것이다.

　교실에서의 도덕수업이 학생들의 합리적 도덕성 계발에 미치는 영향은 크다. 그러나 학술적 상황만으로 충분한 것이 되지 못한다. 다시 말하면, 도덕교육을 위한 '사회적 바탕'이 제공되지 못한다면 도덕성 요소, 특히 도덕적 행동에 기초가 되는 동기 요소인 KRAT-2의 계발은 어렵다. 지금까지 살펴본 '가정모형 적용하기'는 가정모형을 학교 또는 학급에 적용하여 학생들이 도덕적 행동을 할 수 있는 도덕적 동기 계발을 의도하는 접근법이다.

윌슨의 도덕성 요소와 도덕교육론의 기저에는 '합리성'과 이의 계발이 핵심적으로 자리 잡고 있다. 그는 '도덕적으로 교육된 사람'을 도덕적 문제사태에서 그가 제시하는 도덕성 요소들을 사용하여 그것을 합리적으로 해결할 수 있는 사람으로 본다. 도덕적인 사람은 그러한 요소들을 계발한 사람이다. 그러므로 도덕성 요소는 도덕교육의 내용과 형식을 규정한다.

그가 제시하는 4범주 16개에 이르는 도덕성 요소들은 논리적으로 그리고 유기적으로 연결되어 있다; 뿐만 아니라 누적적이다. 그러므로 어느 하나가 부족하거나 결여되어 있으면 도덕적 행동이 충분히 보장되지 못한다. PHIL은 가장 기본적이고 핵심적이다; 그러므로 도덕원리로 작용한다. 인간의 동등한 가치로부터 이끌어지는 PHIL은 모든 도덕적 논의의 기본 전제가 된다. EMP는 정서와 감정에 대한 인지능력이다. 자기 자신뿐 아니라 다른 사람의 정서와 감정을 인지하기 위해서는 민감성, 통찰력, 정확한 서술 능력이 요구된다. GIG는 사실적 지식 및 사회적 기술이다. 도덕적 결정을 내릴 때 한 조각이라도 더 있으면 유용한 사실적이고 방법적인 지식이다. KRAT는 도덕적 사태를 인지, 사고, 결정(판단)하여 행동하는 요소다. 이는 행위자가 PHIL, EMP, GIG 등을 발휘하는 것으로 구성된다.

  윌슨은 이러한 도덕성 요소들을 형성, 계발시킬 수 있는 도덕교육 방법으로 네 가지를 제시했다. 직접교수로 이루어지는 '도덕성 요소 설명하기'는 도덕적 사고하기를 강조한다. 이 직접적 교수법은 교과로서의 도덕교육을 정당화할 수 있는 교육적 근거를 제공하는 작용을 한다. '토의하기'는 언어사용과 의사소통이 인간의 삶에서 차지하는 비중을 생각하면, 도덕교육 뿐 만 아니라 모든 교육의 장면에서 진지하게 고려되어야 할 것이다. 토의학습을 위한 사전준비, 토의학습에서 요구되는 기술적인 측면 등에 대한 윌슨의 지적은 그것의 실제 적용에 많은 도움을 준다. '규칙 지키기'는 학교 교육에서 규칙과 계약이 가지는 중요성을 강조한다. 규칙을 지키고 계약을 수용하는 것이 지니는 교육적, 도덕적 의미를 분석하고서, 규칙과 계약을 적용하기 위한 실제적 방안도 모색되고 있다. '가정모형 적용하기'는 도덕교육을 위한 학교 또는 학급의 분위기와 관련된다. 교실에서의 도덕과 수업이 지니는 한계는 가정모형으로부터 이끌어지는 사회적 바탕을 수립함으로써 어느 정도 극복될 수 있을 것이다.

참고문헌

남궁달화,『도덕교육과 수행평가』(교육과학사, 2000).

남궁달화,『도덕성 요소와 도덕교육』(학지사, 2003).

남궁달화 역(Wilson 저),『도덕교육 방법의 실제』(한국학술정보(주), 2001).

남궁달화 역(Wilson 저),『도덕교육평가』(한국교원대학교 출판부, 2002).

정은광,『도덕적 사고하기와 토의하기가 도덕성 증진에 미치는 효과―윌슨의 도덕교육 방법을 중심으로』한국교원대학교 교육대학원 석사학위 청구논문(2005. 2.).

유혜경 역(Golding, W. G.),『파리대왕』(소담출판사, 1993)

McLaughlin, T. H. & Halstead, F. M. John Wilson on Moral Education, *Journal of Moral Educaiton*(2000, Vol. 29, pp. 247~268).

Williams, N. & Williams, S., *The Moral Development of Children*(London: Macmillan, 1970).

Wilson, J., Williams, N. & Sugarman, B., *Introduction to Moral Education* (Harmondsworth, Penguin, 1967).

Wilson, J., *Practical Methods of Moral Education* (London: Heinemann Educational, 1972).

Wilson, J. *A Preface to Morality* (London: Macmillan, 1987).

Wilson, J., *A New Introduction to Moral Education* (London: Cassell, 1990).

Wilson, J. & Cowell, B., *Dialogues on Moral Education* (Birmingham, Ala.: Religious Education Press, 1983).

| 부록 1 |
도덕성 요소의 평가기준

제1범주 다른 사람을 나와 동등하게 고려하기(PHIL)

1. 사람의 개념을 알기(PHIL-HC)

PHIL-HC-0: 사람이란 무엇인가의 개념을 이해한다.

PHIL-HC-1: 사람은 이성적 생물이다.

PHIL-HC-2: 사람은 언어를 사용하는 생물이다.

PHIL-HC-3: 사람은 다른 생물들과는 다른 차원에서 나름대로의 자기 의지, 의도, 정서, 감정, 의식, 욕구, 욕망, 바람, 목적 등을 가지고 있는 존재다.

2. 사람의 개념을 도덕원리로 주장하기(PHIL-CC)

PHIL-CC-0: 사람의 개념을 도덕원리로 주장한다.
PHIL-CC-1: 사람의 개념을 우선적인 도덕원리로 주장한다.
PHIL-CC-2: 사람의 개념을 규정적인 도덕원리로 주장한다.
PHIL-CC-3: 사람의 개념을 보편적인 도덕원리로 주장한다.

3. 사람의 개념을 '사람 지향적 차원'에서 도덕원리로 지지하는 정서 감정을 가지기(PHIL-RSF-PO)

PHIL-RSF-PO-0: 사람의 개념을 '사람 지향적' 차원에서 도덕원리로 지지하는 감정을 가진다.

PHIL-RSF-PO-1: 나는 다른 사람의 이익이 고려되었을 때 기쁘거나 즐겁다.

PHIL-RSF-PO-2: 나는 다른 사람의 이익이 고려되지 않았을 때 유감스럽다.

PHIL-RSF-PO-3: 나는, 다른 사람이 그의 이익이 고려되지 않아 낙심하며 괴로워 할 때 동정심을 느낀다.

4. 사람의 개념을 '의무 지향적' 차원에서 도덕원리로 지지하는 정서감정을 가지기(PHIL-RSF-DO)

PHIL-RSF-DO-0: 사람의 개념을 '의무 지향적' 차원에서 도덕원리로 지지하는 감정을 가진다.

PHIL-RSF-DO-1: 나는 '다른 사람의 이익 고려하기'를 도덕원리로서 준수할 때 만족감이나 기쁨을 느낀다.

PHIL-RSF-DO-2: 나는 '다른 사람의 이익 고려하기'를 도덕원리로서 준수하지 못할 때 후회나 죄의식 또는 양심의 가책을 느낀다.

PHIL-RSF-DO-3: 나는 '다른 사람의 이익 고려하기'를 도덕원리로서 준수하지 않은 사람을 볼 때 비난하는 감정이 생긴다.

제2범주 사람들의 정서감정을 인지하기(EMP)

5. 정서감정의 개념을 알기(EMP-HC)

EMP-HC-0: 정서란 무엇인가의 개념을 이해한다.
EMP-HC-1: 정서에는 신념이 들어있다.
EMP-HC-2: 정서는 징후를 보인다.
EMP-HC-3: 정서는 행동으로 나타난다.

6. 나의 정서감정을 인지하기(EMP-1)

EMP-1-0: 내가 가지고 있는 정서감정을 인지할 수 있다.

EMP-1-1: 내가 가지고 있는 신념을 통해 나의 정서감정을 인지한다.

EMP-1-2: 내가 보이는 징후를 통해 나의 정서감정을 인지한다.

EMP-1-3: 내가 하는 행동을 통해 나의 정서감정을 인지한다.

EMP-1-4: 내가 처해 있는 주위환경을 통해 나의 정서감정을 인지한다.

7. 다른 사람의 정서감정을 인지하기(EMP-2)

EMP-2-0: 다른 사람이 가지고 있는 정서감정이 무엇인가를 인지할 수 있다.

EMP-2-1: 다른 사람이 가지고 있는 신념을 통해 그의 정서감정을 인지한다.

EMP-2-2: 다른 사람이 보여 주는 징후를 통해 그의 정서감정을 인지한다.

EMP-2-3: 다른 사람이 하는 행동을 통해 그의 정서감정을 인지한다.

EMP-2-4: 다른 사람이 처해 있는 주위환경을 통해 그의 정서감정을 인지한다.

제3범주 사실적 지식과 사회적 기술 습득하기(GIG)

8. '엄연한' 사실에 관해 알기(GIG-1-KF)

GIG-1-KF-0: 사회적으로 '엄연한' 사실에 관한 지식을 습득한다.

GIG-1-KF-1: 건강, 안전 등에 관한 '엄연한' 사실을 안다.

GIG-1-KF-2: 법률, 사회적 기준, 관습 등에 관한 '엄연한' 사실을 안다.

GIG-1-KF-3: 어려움에 처해 있는 사람들(개인 또는 집단)이 존재한다는 '엄연한' 사실을 안다.

9. '엄연한' 사실의 정보원천(情報源泉)에 관해 알기(GIG-1-KS)

GIG-1-KS-0: 사회적으로 '엄연한' 사실의 정보원천에 관한 지식을 습득한다.

GIG-1-KS-1: 건강, 안전 등에 관한 '엄연한' 사실의 정보원천을 안다.

GIG-1-KS-2: 법률, 사회적 기준(규범), 관습 등에 관한 '엄연한' 사실의 정보원천을 안다.

GIG-1-KS-3: 어려움에 처해 있는 개인이나 집단의 존재에 관한 '엄연한' 사실의 정보원천을 안다.

10. 언어적인 사회적 기술을 습득하기(GIG-2-VC)

GIG-2-VC-0: 언어적 의사소통에 관한 사회적 기술을 습득한다.
GIG-2-VC-1: 언어로 의사소통을 할 때 적절한 용어를 사용한다.
GIG-2-VC-2: 언어로 의사소통을 할 때 정확하고 명료하게 말한다.

11. 비언어적인 사회적 기술을 습득하기(GIG-2-NVC)

GIG-2-NVC-0: 비언어적인 의사소통에 관한 사회적 기술을 습득한다.
GIG-2-NVC-1: 의사소통을 할 때 (말의 억양, 색조, 속도 등) 적절한 '음성'으로 말한다.
GIG-2-NVC-2: 의사소통을 할 때 (얼굴 표정, 눈맞춤, 몸 동작, 거리 유지 등) 적절한 '표정'으로 말한다.

제4범주 도덕문제를 인지, 사고, 판단하여 행동하기(KRAT)

12. 도덕적 문제인가를 타당하게 인식하기(KRAT-1-RA)

KRAT-1-RA-0: 어떤 문제사태가 도덕적 문제사태인지 아닌지를 타당하게 알아차릴 수 있다.

KRAT-1-RA-1: 도덕적 문제사태란 대인관계에서 이해관계가 발생한 사태다.

KRAT-1-RA-2: 도덕적 문제사태란 다른 사람의 이익을 나의 것과 동등하게 고려해야 하는 사태다.

KRAT-1-RA-3: 도덕적 문제사태에 대한 타당한 인식은 사태에 대한 타당한 서술을 포함한다.

13. 도덕적 문제에 대해 철저하게 사고하기(KRAT-1-TT)

KRAT-1-TT-0: 도덕적 문제에 대해 철저하게 사고할 수 있다.

KRAT-1-TT-1: 어떻게 하는 것이 나와 다른 사람의 이익을 동등하게 고려하는 것인가에 대해 생각한다(PHIL).

KRAT-1-TT-2: 나와 다른 사람이 가지고 있는 정서감정이 무엇인가를 생각해 본다(EMP).

KRAT-1-TT-3: 문제에 관련된 사실에 관한 '엄연한' 지식과 사실의 정보원천을 찾는 방법에 대해 생각해 본다(GIG).

14. 도덕적 문제를 정당하게 판단(결정)하기(KRAT-1-OPU)

KRAT-1-OPU-0: 도덕적 문제를 정당하게 판단(결정)할 수 있다.

KRAT-1-OPU-1: 사람의 개념을 우선적 도덕원리로 하여 도덕적 판단(결정)을 한다.

KRAT-1-OPU-2: 규정적인 도덕적 판단(결정)을 한다.

KRAT-1-OPU-3: 보편화 가능한 도덕적 판단(결정)을 한다.

15. 도덕적 문제를 판단(결정)대로 행동하기(KRAT-2)

KRAT-2-0: 도덕적 문제를 판단(결정)대로 행동할 수 있다.

KRAT-2-1: 도덕적 판단(결정)을 행동으로 옮기는 데 방해하는 어떤 유혹이 있어도 결정대로 행동한다.

KRAT-2-2: 두려움이나 불안 또는 무서움을 느낄 때에도 판단(결정)대로 행동한다.

KRAT-2-3: 성가시고 귀찮고 화가 나거나 기분이 나쁠 때에도 판단(결정)대로 행동한다.

| 부록 2 |
'도덕성 진단 검사' 실시 요강

1. 검사의 목적

이 검사는, 윌슨(J. Wilson)이 제시하는 4범주 15요소로 구성된 도덕성을 피검사자가 얼마만큼이나 함양한 상태인가를 측정하는 것을 목적으로 한다.

2. 검사의 요인

이 검사의 요인은 윌슨이 제시하는 다음과 같은 4범주 15요소의 도덕성으로 구성된다.

제1범주 | 다른 사람을 나와 동등하게 고려하기(PHIL)

(1) 사람의 개념을 알기(PHIL-HC)

(2) 사람의 개념을 도덕원리로 주장하기(PHIL-CC)

(3) 사람의 개념을 사람 지향적 차원에서 도덕원리로 지지하는 정서감정을 가지기(PHIL-RSF-PO)

(4) 사람의 개념을 의무 지향적 차원에서 도덕원리로 지지하는 정서감정을 가지기(PHIL-RSF-DO)

제2범주 | 사람들의 정서감정을 인식하기(EMP)

(5) 정서의 개념을 알기(EMP-HC)

(6) 나의 정서감정을 인지하기(EMP-1)

(7) 다른 사람의 정서감정을 인지하기(EMP-2)

제3범주 | '엄연한' 사실적 지식 및 사회적 기술을 습득하기(GIG)

(8) '엄연한' 사실에 관해 알기(GIG-1-KF)

(9) '엄연한' 사실의 정보원천에 관해 알기(GIG-1-KS)

(10) 언어적인 사회적 기술을 습득하기(GIG-2-VC)

(11) 비언어적인 사회적 기술을 습득하기(GIG-2-NVC)

제4범주 | 도덕적 문제를 인식, 사고, 판단하여 행동하기(KRAT)

(12) 도덕적 문제인가를 타당하게 인식하기(KRAT-1-RA)

(13) 도덕적 문제에 대해 철저하게 사고하기(KRAT-1-TT)

(14) 도덕적 문제를 정당하게 결정하기(KRAT-1-OPU)

(15) 도덕적 문제를 판단(결정)대로 행동하기(KRAT-2)

3. 신뢰도와 타당도

　이 검사 55개 문항 전체의 내적 합치도, 즉 크론박(L. J. Cronbach)의 알파(α) 계수는 .83(n=475)이다. 제1범주(PHIL) 12개 문항의 크론박 알파는 .36이다. 제2범주(EMP) 11개 문항의 크론박 알파는 .62이다. 제3범주(GIG) 20개 문항의 크론박 알파는 .69이다. 그리고 제4범주(KRAT) 12개 문항의 크론박 알파는 .74이다. 한편 재검사 신뢰도는 p<.01 수준에서 r=.72(n=104)이다.

　이 검사의 제작자는 '도덕성 진단 검사'의 내용 타당도를 보다 객관적으로 측정할 목적으로 '도덕성 진단 검사의 내용 타당도 평정척도'를 개발하였다. 이 척도에 의해 측정된 타당도 점수는 평균 94.02점(n=25)이다. 이 점수는 윌슨의 '도덕성 요소와 도덕교육론'을 주제로 25명의 현직 교사들이 워크숍 형태의 대학원 수업(3주 48시간)에 참여하여 이른바 '전문가로서의 소양이 갖추어졌다'고 판단된 후에 '평정척도'에 의해 산출된 점수다. 여기서 전문가로서의 소양이 갖추어졌는지의 여부는 '도덕성 요소의 평가기준'으로부터 이끌어진 '도덕성 진단 검사 문항분석 방법'을 사용하여 결정되었다. 이 방법에 의해 산출된 타당도 점수는 평균 89.32(n=25)이었다.

4. 검사의 실시와 채점 방법

　이 검사의 각 문항은 3지 선택형으로 구성되어 있다. 답의 표시는 '도덕성 진단 검사' 문제지 맨 앞면에 있는 보기와 같이, 별도로 제시되는 '도덕성 진단 검사' 답안지에 각 문항의 답지 '가 나 다' 중 맞다고 생각되는 것에 동그라미(○) 표시를 하면 된다.
　채점은 답안지에 표시되어 있는 각 범주별 안내에 따라 이루어진다. 즉 제1범주(12개 문항)와 제2범주(11개 문항) 그리고 제4범주(12개 문항)는 각 문항마다 2점씩이다. 이에 비해 제3범주(20개 문항)는 문항마다 1점씩이다. 그러므로 각 범주의 만점은 제1범주 24점(=12×2), 제2범주 22점(=11×2), 제3범주 20점(=20×1), 제4범주 24점(=12×2)이다. 이들 55개 문항 전체 점수의 합은 90점이다.
　그러나 '도덕성 진단 검사'의 채점은 원점수 90점에 10점을 더하여 100만점으로 하였다. 도덕성의 개념 또는 성격상 다른 검사 도구도 그러하겠지만, 이 '도덕성 진단 검사'도 하나의 검사 도구로서 한 사람의 도덕성 함양 여부를 완전하게는 측정해 낼 수 없지 않는가 하는 생각해서다. 즉 이 검사가 측정하지 못하는 한 사람의 도덕성 부분이 있을 수 있다는 가정 아래 원점수에 10점을 더하여 100점 만점척으로 하였다.

5. 검사 점수의 해석과 도덕교육

검사 점수는, 총점을 기준으로 할 때 100점에 가까우면 가까울수록 도덕성의 함양 상태가 그만큼 더 좋은 것이다. 범주의 점수를 기준으로 할 때에도 각 범주별로 산출되는 만점(제1범주=24점, 제2범주=22, 제3범주=20, 제4범주=24)에 가까우면 가까울수록 그만큼 더 좋은 점수다.

교사는 피검사자들(학생들)이 함양한 도덕성의 상태가 어느 범주에서 미흡한가를 확인하여 그 범주와 관련해서 윌슨이 제시하는 도덕교육 방법인 사고하기, 토의하기, 계약 및 규칙 지키기, 가정모형 적용하기 중에 적절한 것을 택하여 학생들의 도덕성을 증진하는 도덕교육을 하여야 한다.

6. 검사 도구의 활용 방안

가. 이 검사 도구는, 학생들이 인지적·정서감정적·행동적 측면으로 구성되는 통합된 도덕성을 얼마만큼이나 함양한 상태인가를 단순히 알아보는 데 활용될 수 있다.

나. 이 검사 도구는, 윌슨이 제시하는 사고하기, 토의하기, 계약 및 규칙 지키기, 가정모형 적용하기 등의 방법을 적용하여 학생들의 도덕성을 증진시키는 도덕교육의 과정에서 이들

방법의 일부 또는 전부가 얼마만큼이나 효과적인가를 알아
보려 할 때 사전 및 사후 검사를 하는 데 활용될 수 있다.

| 부록 3 |
'도덕성 진단 검사' 문제지

도덕성 진단 검사

제작: 남궁달화(한국교원대학교 명예교수)

이 검사는 윌슨(J. Wilson)의 도덕성 요소에 기초한 도덕성 함양 상태를 진단하기 위한 것으로 연구와 교육의 목적으로만 사용합니다. 이 검사에는 모두 55개의 문항이 있습니다. 각 문항의 정답 표시는 '가, 나, 다'에 아래의 보기와 같이 '○'표로 하여 주십시오.

보기:

문항	답안지
1. 다음 중 봄의 특징으로 맞는 것은? 가. 식물에 새싹이 돋는다. 나. 나무에 단풍이 든다. 다. 나뭇잎이 떨어진다.	㉮ 나 다
2. 다음을 읽고 물음에 답하시오. 오늘은 5년간이나 연애를 하면서, 그 남자가 아니면 안 된다며 부모님을 설득한 언니가 드디어 그에게 시집을 가는 날이다. 영애는 '지금 언니의 마음은 어떨까' 생각해 보았다. 당신은 영애 언니의 마음이 어떨 것으로 생각하는가? 가. 우울할 것이다. 나. 행복할 것이다. 다. 후회할 것이다.	가 ㉯ 다

주의사항: 문항들 간에는 내용이 연결된 것들이 많으니 순서대로 답하여 주십시오.

※ 다음(1~3)은 사람과 다른 동물들을 비교한 말이다. 당신이 '맞다'고 알고 있는 것에 ○표를 하시오.

1. ㈎ 사람과 동물은 모두 언어를 사용하는 존재다.
   ㈏ 사람은 언어를 사용하는 존재이지만 동물은 아니다.
   ㈐ 동물은 언어를 사용하는 존재이지만 사람은 아니다.

2. ㈎ 사람과 동물은 모두 이성적(理性的) 존재다.
   ㈏ 사람은 이성적 존재이지만 동물은 아니다.
   ㈐ 동물은 이성적 존재이지만 사람은 아니다.

3. ㈎ 정서감정은 사람에게는 있으나 동물에게는 없다.
   ㈏ 정서감정은 사람에게도 있고 동물에게도 있다. 그리고 그것의 수준(차원)도 같다.
   ㈐ 정서감정은 사람에게도 있고 동물에게도 있다. 그러나 그것의 수준(차원)은 다르다.

※ 다음을 읽고 아래의 물음(4~6)에 답하시오.

> 영순이는 성적에 관심이 많고 항상 1등을 해야 한다고 생각하는 학생이다. 그리고 실제로 지난 2년여 동안 쭉 1등을 해 왔다. 그러나 지난 학기에는 1등을 놓쳤다. 늘 2등을 하던 봉달이가 1등을 했다. 지금은 미술 시험 시간이다. 한편 봉달이는 준비물을 챙

> 겨 가지고 온 줄 알았는데 아무리 찾아보아도 없다. 그러나 영순이는 준비물을 넉넉하게 가지고 있다. 이를 아신 선생님은 영순이에게 준비물을 봉달이와 나누어 사용하면 좋겠다고 말씀하셨다. 하지만 영순이는 그렇게 하면 이번에도 봉달이가 1등을 하게 될는지 모른다는 생각이 들었다. 영순이는 어떻게 해야 할까 망설여진다.

당신이 영순이라고 하자.

4. 이 경우 당신은 어떻게 해야 한다고 생각하는가?

   (개) 나의 입장(이익)을 고려해야 한다고 생각한다.
   (내) 내가 나의 입장(이익)을 고려하듯 봉달이의 입장(이익)을 고려해야 한다고 생각한다.
   (대) 나중에 봉달이도 나의 입장(이익)을 고려해 준다면, 봉달이의 입장(이익)을 고려해야 한다고 생각한다.

5. 당신의 그러한 생각은 누가 그렇게 해야 한다는 것인가? 당신의 생각에 해당되지 않는 것은?

   (개) 내가 그렇게 해야 한다는 것이다.
   (내) 나 뿐 아니라 나와 비슷한 상황에 있는 사람이라면, 누구나 다 그렇게 해야 한다는 것이다.

(다) 내가 그렇게 해야 한다는 생각이지만, 나와 비슷한 상황에 있는 사람이라고 해서 누구나 다 그렇게 해야 한다는 것은 아니다.

6. 당신이 4번에서 택한 것은, 그것이 어느 것이든, 일종의 도덕원리에 대한 주장이다. 당신은, 당신이 택한 도덕원리가 다른 어떤 것보다도 우선되는 도덕원리라고 생각하는가?

(가) 그렇다.
(나) 아니다.
(다) 잘 모르겠다.

7. 다음을 읽고 물음에 답하시오.

> 어떤 일과 관련해서 당신과 갑수 사이에 이해관계(利害關係)가 발생했다. 처음에 당신은 갑수야 어떻게 되든 당신의 이익만 고려하려 했다. 그러나 갑자기 '갑수가 나라면 그는 어떻게 할까. 그가 나의 이익은 고려하지 않고 자신의 이익만 고려한다면…' 하는 생각이 들었다. 결국 당신은 당신의 이익과 갑수의 이익을 공평하게 처리했다. 갑수는 나중에 이를 알게 되었고, 당신에 의해서 그의 이익이 고려된 것에 대해 좋아할 뿐 아니라 고마워하고 있다.

갑수가 그의 이익이 고려되어 좋아하는 모습에 대해, 당신이 느끼고 있는 정서감정은 무엇일까?

　　(가) 나의 이익을 더 고려하지 못해 아쉽다.
　　(나) 그가 좋아하는 걸 보니 나도 기분이 좋다.
　　(다) 괜히 그의 이익을 고려해 줬다는 생각이 든다.

8. 다음을 읽고 물음에 답하시오.

> 　어떤 일과 관련해서 A와 B 사이에 이해관계가 발생했다. 이 상황에서 A의 이익은 고려되었으나 B의 이익은 고려되지 못했다. B는 그의 이익이 고려되지 않은데 대해 불만스러워하고 있다.

　B가 그의 이익이 고려되지 않아 불만스러워하는 데 대해, 당신이 느끼고 있는 정서감정은 무엇일까?

　　(가) 나와 상관없는 문제이므로 아무렇지도 않다.
　　(나) B의 이익이 고려되지 않은 것이 유감스럽다.
　　(다) B에게 동정하고 싶은 마음이 생긴다.

9. 다음을 읽고 물음에 답하시오.

> 　어떤 일과 관련해서 C와 D 사이에 이해관계가 발생했다. 이 상황에서 일이 잘못되어 D의 이익이 고려되지 못했다. D는 그의 이

익이 고려되지 않은 점에 대해 낙심하며 괴로워하고 있다.

D가 그의 이익이 고려되지 않아 괴로워하는 데 대해, 당신이 느끼고 있는 정서감정은 무엇일까?

(개) 착잡한 심정이다.
(내) 동정심을 느낀다.
(대) 우울한 기분이다.

※ 다음을 읽고 아래의 물음(10~11)에 답하시오.

> 당신은 평소에 '사람은 누구나 평등하다'고 생각하는 사람이다. 그러므로, 비록 당신이 모르는 사람(들)이라 하더라도, '다른 사람(들)이 곤경에 처해 도움을 필요로 할 때에는 그(들)를 도와줘야 한다'는 신념을 가지고 있는 사람이다.
> 그런데 뉴스를 들으니 지금 터키에서는 지진이 발생하여 많은 사람들이 죽고 다쳐 도움을 필요로 하고 있다. 마침 우리나라에서도 자선단체가 중심이 되어 그들을 돕기 위한 구호금품을 모으고 있었다.

10. 당신은 때맞추어 얼마간의 구호금품을 전달하였다. 그것을 전달하고 나서 당신이 느끼고 있는 정서감정은 무엇일까?

(가) 만족스러움

(나) 용돈이 줄어 아깝다는 마음

(다) 손해를 본 느낌

11. 당신은 마음은 있었으나, 바쁜 일로 기회를 놓쳐 구호금품을 전달하지 못했다. 이 경우 당신이 느끼고 있는 정서감정은 무엇일까?

(가) 후회스러움

(나) 이득을 본 느낌

(다) 다행스러움

12. 다음을 읽고 물음에 답하시오.

> 오늘 하교 길에서 생긴 일이다. 나는 길을 건너가려고 횡단보도 신호등의 적색 등이 녹색 등으로 바뀌기를 기다리고 있었다. 그런데 갑자기 어떤 사람이 나타나 뛰어 건너갔다. 그러나 나는 녹색 등이 켜질 때까지 기다렸다가 건너갔다.

그때 당신이 그 사람에 대해 느꼈던 정서감정은 무엇인가?

(가) '무슨 급한 일이 있는가 보다' 하며 이해하는 마음

(나) '저래서는 안 되는데…' 하며 비난하는 마음

(다) '참 용기 있는 사람이야' 하며 부러워하는 마음

※ 다음을 읽고 아래의 물음(13~15)에 답하시오.

> 철수는 키가 작아 고민도 하고 열등감도 가지고 있다. 그런데 영철이가 사람들 앞에서 철수를 보고 '난쟁이'라고 놀려댔다. 철수는 몹시 화가 났다.

13. 화가 난 철수는 평소에 어떤 생각(신념)을 가지고 있었을까?

(개) 키가 작은 사람을 '난쟁이'라고 놀리는 것은 나쁘다.

(내) 키가 작은 것은 부끄러운 일이 아니다.

(대) 훌륭한 사람 중에는 키가 작은 사람도 많이 있다.

14. 화가 난 철수는 어떤 태도(징후)를 보였을까?

(개) 얼굴이 파래졌을 것이다.

(내) 한숨을 내쉬었을 것이다.

(대) 얼굴을 붉히며 씩씩거렸을 것이다.

15. 화가 난 철수는 어떤 행동을 했을까?

(개) 태연한 척 했을 것이다.

(내) 영철이를 쏘아봤을 것이다.

(대) 울음을 터트렸을 것이다.

16. 다음을 읽고 물음에 답하시오.

> 나는 약속 시간에 늦어 급히 가다 과일을 한아름 안고 가던 사람과 그만 부딪치고 말았다. 그때 과일이 길바닥에 와르르 쏟아졌다. 주워 주고 싶었지만 너무 시간이 없어서 그냥 가 버렸다. 나중에 생각해 보니 길바닥에 흩어진 과일을 줍느라고 그 사람은 당황하기도 하고 짜증스럽기도 했을 것이다.

그때 과일을 주워 주고 가지 못한 데 대해, 지금 내가 느끼고 있는 정서감정이 아닌 것은?

(가) 후회
(나) 책임감
(다) 미안함

17. 다음을 읽고 물음에 답하시오.

> 청소시간이었다. 나는 청소하기가 싫어서 빗자루만 들고 빈둥빈둥 놀면서 누구랑 장난이나 쳐볼까 하는 중이었다. 그런데 옆에서 보니 은주는 열심히 청소를 하고 있었다. 아이들이 하기 싫어하는 것도 찾아서 하는 것 같았다. 얼굴에 땀방울도 맺혀 있었다. 나는 우연히 은주와 눈이 마주쳤을 때, 나도 모르게 고개를 돌렸다.

지금 내가 은주에 대해 느끼고 있는 정서감정이 아닌 것은?

(개) 부끄러워하는 마음
(내) 미안해하는 마음
(대) 존경하는 마음

18. 다음을 읽고 물음에 답하시오.

> 지금은 시험시간이다. 나는 우연히 친구 두 사람이 쪽지를 주고 받으며 부정행위를 하는 것을 보게 되었다. 그런데 나는 내가 부정행위를 하는 것도 아닌데, '저러다가 들키면 어쩌려고!' 하는 생각과 함께 몰래 선생님을 쳐다보곤 했다.

지금 내가 느끼고 있는 정서감정은 무엇일까?

(개) 무서움
(내) 불안감
(대) 정의감

19. 다음을 읽고 물음에 답하시오.

> 나는 수학을 싫어한다. 우리 반 아이들도 대부분 수학을 싫어한다. 그런데 지난 주말에 수학숙제가 있었다. 나는 숙제를 하지 않

왔다. 그리고 대부분 다른 아이들도 나처럼 숙제를 하지 않을 것으로 생각했다. 그러나 오늘 수업시간에 보니 숙제를 해오지 않은 사람은 우리 반에서 나뿐이었다.

지금 내가 느끼고 있는 정서감정이 아닌 것은?

(가) 태연함, 자부심
(나) 놀라움, 배신감
(다) 후회, 두려움

20. 다음을 읽고 물음에 답하시오.

청순한 이미지로 팬들의 사랑을 받아왔던 배우 김 양은 마약복용 혐의로 검찰에 구속되었다. TV 뉴스에 비춰진 그녀는 외투로 얼굴을 가린 채 고개를 들지 못했다.

이때 김 양이 느끼고 있는 정서감정으로 볼 수 없는 것은?

(가) 후회
(나) 창피함
(다) 무서움

21. 다음을 읽고 물음에 답하시오.

> 환경 미화원인 박씨는 골목길에서 쓰레기를 가득 실은 수레를 끌고 가고 있었다. 그런데 갑자기 바퀴가 무엇에 걸렸는지 수레가 움직이지를 않는다. 사람들은 고약한 냄새 때문에 코를 막고 재빨리 지나쳐 버린다. 시간이 지나자 골목길을 지나려는 차들이 길게 늘어섰다. 어떤 운전자들은 빨리 길을 비켜주지 않는다고 시끄럽게 경적을 울려댄다.

이때 박씨가 느끼고 있는 정서감정으로 볼 수 없는 것은?

(가) 미안함
(나) 당황함
(다) 불안감

22. 다음을 읽고 물음에 답하시오.

> 영호네 반에서는 두 사람이 한 조가 되어 일주일씩 학급 주번을 하고 있다. 영호는 이번 주에 용걸이와 한 조가 되어 주번 활동을 하게 되었다. 그런데 지난 나흘 동안은 용걸이가 게으름을 피워서 영호는 주번 활동을 혼자서 다하다시피 했다. 화가 난 영호는 용걸이에게 "오늘은 네가 다 해!"라고 말하고는 운동장에 나가 아이들과 축구를 했다. 다음 날이었다. 선생님은 영호에게 주번활동을 성실하게 하지 않는다며 벌을 주셨다. 어제 영호가 운

> 동장에서 축구하는 것을 보신 모양이다. 영호는 말없이 눈물만 흘렸다.

이때 영호가 느끼고 있는 정서감정은 무엇일까?

　(가) 선생님에 대한 야속함과 억울함
　(나) 자신의 잘못에 대한 반성과 뉘우침
　(다) 용결이에 대한 원망과 후회

23. 다음을 읽고 물음에 답하시오.

> 철수는 입학시험 날 아침에 택시를 타고 고사장으로 가고 있었다. 그런데 잘 달리던 차가 교통체증으로 도로 한가운데서 움직일 줄 모르고 서 있다. 철수는 지각을 하여 금년에 시험을 보지 못하게 될지도 모른다는 생각이 들었다.

이때 철수가 느끼고 있는 정서감정은 무엇일까?

　(가) 짜증
　(나) 후회
　(다) 초조

※ 다음(24~28)을 읽고 당신이 '맞다'고 알고 있는 것에 ○표를 하시오.

24. 담배를 피우는 사람은 피우지 않는 사람보다 건강이 나빠질 가능성이 크다.

㈎ 그렇다.
㈏ 아니다.
㈐ 별 차이가 없다.

25. 오토바이를 타고 가까운 거리를 갈 때에는 안전모를 안 써도 된다.

㈎ 그렇다.
㈏ 아니다.
㈐ 써도 되고 안 써도 된다.

26. 고아원에 있는 아이들은 도와주는 사람들이 많기 때문에 잘산다.

㈎ 그렇다.
㈏ 아니다.
㈐ 고아원에 따라 다를 것이다.

27. 언제든 정직하게 말하는 것이 자신에게 불리할 때는 거짓말을 해도 괜찮다.

　　㈎ 그렇다.
　　㈏ 아니다.
　　㈐ 잘 모르겠다.

28. 영희네 반에서는 아무도 영희와 함께 놀지도 않고, 점심을 먹지도 않고, 짝꿍이 되는 것도 싫어한다. 영희는 따돌림을 당하고 있다.

　　㈎ 그렇다.
　　㈏ 아니다.
　　㈐ 잘 모르겠다.

29. 태영이는 책을 한 권 사려고 시내에 있는 큰 서점에 갔었으나 구할 수가 없었다. 그래서 도서관에 있는 책을 슬쩍 가져왔다. 그런데 그는 그 책이 꼭 필요해서 다시 갔다 놓을 생각이 없다.
　　이 경우 당신은 태영이가 도둑질을 했다고 생각하는가?

　　㈎ 그렇다.
　　㈏ 아니다.
　　㈐ 잘 모르겠다.

30. 당신은 중학교에 들어가면서 몸의 이상한 변화를 느끼기 시작했다. 어렴풋이 사춘기의 생리현상이 아닌가 생각하지만 잘 알 수가 없다. 이에 대해 누구에게 물어보아야 잘 알 수 있을까?

㈎ 사회 선생님
㈏ 생물 선생님
㈐ 국어 선생님

31. 결석에 관한 학교 규칙을 잘 모를 때, 누구에게 물어보아야 잘 알 수 있을까?

㈎ 반장
㈏ 교장 선생님
㈐ 담임선생님

32. 스승의 날이 다가오고 있다. 모교를 떠나신 지 오래된 옛 은사님께 문안을 드리고 싶다. 그런데 지금 어느 학교에 근무하시는지 알지 못한다. 이에 대해 어디에 또는 누구에게 물어보아야 잘 알 수 있을까?

㈎ 교육청
㈏ 선배
㈐ 동기생

33. 소풍 날 아침인데 간간이 비가 내리고 있다. 소풍지로 가야 할지 학교로 가야 할 지 잘 모를 때, 어디에 또는 누구에게 물어보아야 할까?

　　(가) 학교
　　(나) 기상청
　　(다) 부모님

34. 우리 집에 결혼식이 있었다. 집안 어른들이 많이 오셨다. 처음 뵙는 분들도 있었다. 나는 서로 간에 촌수도 잘 모르고 호칭도 어떻게 해야 하는지 잘 몰랐다. 이에 대해 누구에게 물어보아야 잘 알 수 있을까?

　　(가) 삼촌
　　(나) 할아버지
　　(다) 어머니

35. 소년소녀 가장의 소식을 들었다. 당신은 그들을 돕고 싶다. 그런데 그들이 어디에 살고 있는지 모른다. 어디에 물어보아야 그들이 있는 곳을 잘 알 수 있을까?

　　(가) 동(면)사무소나 구(군)청
　　(나) 학교 교무실
　　(다) 파출소(지서)나 경찰서

36. 다음을 읽고 물음에 답하시오.

> 당신은 군부대와 그리 멀지 않은 마을에 살고 있다. 어느 날 개천가에서 이상한 물체를 하나 발견했다. 영희는 지금까지 그 물체를 본 일이 없다. 그런데 얼마 전에 폭풍과 함께 비가 많이 내린 일이 있었고, 윗마을과 군부대에서는 집과 군사시설의 일부가 침수되었다는 말을 들은 일이 있다. 당신은 그 물체가 혹시 폭발물이 아닐까 생각했다.

그 물체가 폭발물인지 아닌지를 알 수 있으려면, 누구에게 또는 어디에 물어보아야 잘 알 수 있을까?

㈎ 부모님이나 선생님
㈏ 면사무소나 동사무소
㈐ 지서(파출소)나 군부대

37. 당신은 어제 친구 경식이와 싸웠다. 그러나 나중에서야 당신이 잘못 알아서 싸우게 되었다는 것을 깨달았다. 그래서 그에게 사과를 하려 한다. 친구에게 사과하는 말로서 적절한 것은?

㈎ 경식아, 용서해다오.
㈏ 경식아, 미안하다.
㈐ 경식아, 내가 실수했다.

38. 당신은 지금 불의의 사고로 아버지가 돌아가신 친구 연희에게 위로의 말을 하려 한다. 친구를 위로하는 말로서 적절하지 않은 것은?

(가) 연희야, 마음이 많이 아프겠구나! 어쩌면 좋으니.
(나) 연희야, 슬픔이 크겠구나! 어떻게 위로의 말을 해야 할지 모르겠다.
(다) 연희야, 너무 걱정하지 마! 힘내.

39. 당신은 학급회의에서 친구 지성이가 한 말이 옳지 않다고 생각했다. 그래서 그것을 지적해 주려 한다. 지적하는 말로서 적절한 것은?

(가) 지성아, 네가 한 말을 다시 한번 생각해 보면 어떻겠니?
(나) 지성아, 다른 사람들은 그렇게 생각하지 않는데 왜 너만 그렇게 생각하니?
(다) 지성아, 네가 한 말도 일리는 있지만, 이렇게도 생각할 수 있지 않겠니?

※ 다음을 읽고 아래의 물음(40~41)에 답하시오.

> 창미는 반장이다. 아침 조회시간에 담임선생님께서 새로 전학 온 병모를 소개하셨다. 조회가 끝난 후 창미는 병모에게 다음과 같은 말을 했다:
> 병모야, 네가 우리 학교에 전학 온 것을 환영한다. 더욱이 우리 반 급우가 된 것을 환영한다. 우리 함께 잘 지내며 열심히 공부하자.

40. 이때 창미가 병모를 환영하는 말소리(음성)로서 적절하다고 생각하는 것은?

 (개) 친절한 소리로 말한다.
 (내) 씩씩한 소리로 말한다.
 (대) 애정 어린 소리로 말한다.

41. 위에서 환영하는 말을 할 때, 창미의 얼굴 표정으로 적절하다고 생각하는 것은?

 (개) 덤덤한 표정으로 말한다.
 (내) 반가운 표정으로 말한다.
 (대) 기쁜 표정으로 말한다.

※ 다음을 읽고 아래의 물음(42~43)에 답하시오.

> 우리 도(시)의 테니스 대표 선수로 전국 체전에 출전했던 형근이가 우승을 하고 돌아왔다. 그를 만났을 때 나는 다음과 같이 말했다:
> 형근아, 너 드디어 해냈구나. 우승을 축하한다.

42. 이때 당신이 그를 축하하는 말소리(음성)로서 적절하다고 생각하는 것은?

   (개) 정다운 소리로 말한다.
   (내) 즐거운 소리로 말한다.
   (대) 큰 소리로 말한다.

43. 이때 당신이 그를 축하하는 얼굴 표정으로 적절하다고 생각하는 것은?

   (개) 웃는 표정으로 말한다.
   (내) 진지한 표정으로 말한다.
   (대) 부러운 표정으로 말한다.

※ 다음의 문제사태를 읽고 아래의 물음(44~55)에 답하시오.

> 　민선이는 아파트에 살고 있다. 이곳으로 이사 온 지도 벌써 2년여가 지났지만, 알고 지내는 사람은 별로 없다. 어느 날 민선이는 날씨가 화창해서 창문을 열고 밖을 내다보고 있었다. 그때 갑자기 주차장 쪽에서 둔탁하게 '쿵' 하는 소리가 들렸다. 그쪽을 바라보니 어떤 차가 후진을 하다가 뒤에 주차된 차를 받은 것이다. 주차장 주위에, 보이는 사람은 아무도 없었다. 이를 확인한 듯 그 운전자는 재빨리 정문 쪽으로 차를 몰고 가 버렸다. 그런데 그 차는 민선이에게 낯익어 보였다. 그렇다. 그 차는 분명히 앞집에 사는 아저씨의 차였다. 민선이는 그 아저씨가 그냥 가 버린 것에 대해 무언가 찜찜하다는 생각이 들었다.
>
> 　그다음 날이었다. 민선이네는 저녁 식사를 하고 있었는데, 어머니가 어디서 들으셨는지 우리 동(棟) 끝에 사는 아주머니가 카센터에서 차를 수리하였는데 비용이 많이 들었다고 한다. 누가 차를 박아 찌그러뜨려 놓고는 말도 하지 않고…, 본 사람이 아무도 없는지 말해 주는 사람도 없다면서 야박한 인심을 탓하였다고 한다. 아파트 경비실에 가서도 누가 차를 받았는지 경비원이 그런 것도 보지 못했느냐고 불평도 했다고 한다.
>
> 　민선이는 어머니의 말씀을 듣고 난 후 고민에 빠졌다. 가해 차량이 앞집 아저씨의 차라는 것을 말해야 할지…

당신이 민선이라고 하자.

44. 당신은 이 문제가 어떤 종류의 것이라고 생각하는가?

　　(개) 교통 문제라고 생각한다.
　　(내) 경제적 문제라고 생각한다.
　　(대) 도덕적 문제라고 생각한다.

45. 당신이 그렇게 생각하는 이유는 무엇인가?

　　(개) 교통사고가 발생했기 때문이다.
　　(내) 아주머니가 차를 수리하는 데 돈이 들었기 때문이다.
　　(대) 아저씨가 사실을 숨김으로써 문제에 관련된 사람들(아주머니, 아저씨, 나:민선)간에 갈등(이해관계)이 발생했기 때문이다.

46. 당신은, 이 문제는 누구의 입장(이익)을 고려해야 하는 상황으로 보는가?

　　(개) 나(민선)의 입장(이익)
　　(내) 나(민선), 아저씨, 아주머니 모두의 입장(이익)
　　(대) 아주머니의 입장(이익)

47. 당신은 이 문제에 관련된 사람들의 마음(정서감정)이 어떠할 것으로 생각하는가?

(가) 아주머니: 속상해한다.   아저씨: 불안해한다.   나(민선): 안타까워한다.

(나) 아주머니: 속상해한다.   아저씨: 후회한다.   나(민선): 의기양양해한다.

(다) 아주머니: 속상해한다.   아저씨: 태연해한다.   나(민선): 안타까워한다.

48. 당신은 이 경우에 어떻게 하는 것이 옳다고 알고 있는가?

(가) 내가 직접 관련된 일이 아니므로 침묵해야 한다.
(나) 어떻게든 가해자가 밝혀져야 하고, 그가 책임을 져야 한다.
(다) 아저씨의 입장(이익)을 생각해 침묵해야 한다.

49. 당신은 어떻게 하는 것이 관련된 사람들 모두의 입장(이익)을 고려하는 것이라고 생각하는가?

(가) 가해자가 아저씨라는 것을 아파트 관리사무소에 알린다.
(나) 아주머니에게 아저씨가 가해자라는 것을 직접 말한다.
(다) 아저씨에게 내가 목격자임을 밝히고, 아주머니에게 자백하도록 권유한다.

50. 당신은 이 사태에서 어떤 판단(결정)을 하겠는가?

　(개) 아저씨의 입장(이익)을 고려하는 판단을 한다. 그러므로 침묵한다.
　(내) 관련된 사람 모두의 입장(이익)을 고려하는 판단을 한다. 그러므로 아저씨에게 내가 목격자임을 밝혀서 아주머니에게 자백하도록 권유한다.
　(대) 아주머니의 입장(이익)을 고려하는 판단을 한다. 그러므로 아주머니에게 아저씨가 가해자라는 것을 직접 말한다.

51. 당신이 그렇게 판단(결정)한 이유는 무엇인가?

　(개) 아주머니의 입장(이익)을 우선적으로 고려해야 하기 때문이다.
　(내) 아저씨의 입장(이익)을 우선적으로 고려해야 하기 때문이다.
　(대) 관련된 사람들 모두의 입장(이익)을 우선적으로 고려해야 하기 때문이다.

52. 당신의 그러한 판단은 누가 그렇게 해야 한다는 판단인가?

　(개) 내가 그렇게 해야 한다는 판단이다.
　(내) 내가 그렇게 해야 한다는 판단일 뿐 아니라, 나와 비슷한 상황에 있는 사람이라면 누구나 다 그렇게 해야 한다는 판단

이다.

(다) 내가 그렇게 해야 한다는 판단이지만, 나와 비슷한 상황에 있는 사람이라고 해서 다 그렇게 해야 한다는 판단은 아니다.

※ 당신(민선)이 위 '50'에서 아저씨에게 '아저씨가 가해자라는 사실을 자백하는 것이 좋겠다고 권유하는 판단을 했다'고 하자.

53. 이 경우 당신이 실제로 아저씨에게 자백을 권유하는 말을 하면, 그가 당신을 미워할 수도 있고, 앞뒤 집에 살면서 입장이 난처해질 수도 있다는 생각이 들었다. 그래도 당신은 당신의 판단(결정)대로 행동하겠는가?

(가) 그렇다.
(나) 아니다.
(다) 잘 모르겠다.

54. 당신이 아저씨에게 '자백을 하는 것이 좋겠다'고 권유할 때, 그가 '이제 와서 내가 가해자라는 사실이 밝혀지면 내 체면이 엉망이 될 테니 눈 감아달라'고 부탁할지도 모른다. 그래도 당신은 그에게 계속 자백을 권유하겠는가?

(가) 그렇다.

(나) 아니다.

(다) 잘 모르겠다.

55. 당신은 당신의 판단(결정)대로 행동하려 했는데, 갑자기 '내가 직접 관련된 일도 아니고, 성가시고 귀찮은 일인데… 남의 일에 나설 필요가 뭐 있나… 에라 모르겠다, 모른 척 하는 것이 상수다'는 생각이 났다. 그래도 당신은 판단(결정)대로 행동하겠는가?

(가) 그렇다.

(나) 아니다.

(다) 잘 모르겠다.

| 부록 4 |
'도덕성 진단 검사' 답안지

학교:　　　　　　이름:
나이:　　　　　　성별:　　　　　검사일:

범주	제1범주	제2범주	제3범주		제4범주
문항	1. 가 나 다 2. 가 나 다 3. 가 나 다 4. 가 나 다 5. 가 나 다 6. 가 나 다 7. 가 나 다 8. 가 나 다 9. 가 나 다 10. 가 나 다 11. 가 나 다 12. 가 나 다	13. 가 나 다 14. 가 나 다 15. 가 나 다 16. 가 나 다 17. 가 나 다 18. 가 나 다 19. 가 나 다 20. 가 나 다 21. 가 나 다 22. 가 나 다 23. 가 나 다	24. 가 나 다 25. 가 나 다 26. 가 나 다 27. 가 나 다 28. 가 나 다 29. 가 나 다 30. 가 나 다 31. 가 나 다 32. 가 나 다 33. 가 나 다	34. 가 나 다 35. 가 나 다 36. 가 나 다 37. 가 나 다 38. 가 나 다 39. 가 나 다 40. 가 나 다 41. 가 나 다 42. 가 나 다 43. 가 나 다	44. 가 나 다 45. 가 나 다 46. 가 나 다 47. 가 나 다 48. 가 나 다 49. 가 나 다 50. 가 나 다 51. 가 나 다 52. 가 나 다 53. 가 나 다 54. 가 나 다 55. 가 나 다
채점	정답수 x (2점) =	정답수 x (2점) =	정답수 x (1점) =		정답수 x (2점) =
합계	(제1범주 + 제2범주 + 제3범주 + 제4범주) + 10점 =				

수고하셨습니다. 협조해 주서서 대단히 감사합니다.

| 부록 5 |
'도덕성 진단 검사' 정답표

범주	제1범주	제2범주	제3범주		제4범주
문항	1. 나 2. 나 3. 다 4. 나 5. 다 6. 가 7. 나 8. 나 9. 나 10. 가 11. 가 12. 나	13. 가 14. 다 15. 나 16. 나 17. 다 18. 나 19. 가 20. 다 21. 다 22. 가 23. 다	24. 가 25. 나 26. 나 27. 나 28. 가 29. 가 30. 나 31. 다 32. 가 33. 가	34. 나 35. 가 36. 다 37. 나 38. 다 39. 다 40. 가 41. 나 42. 나 43. 가	44. 다 45. 다 46. 나 47. 가 48. 나 49. 다 50. 나 51. 다 52. 나 53. 가 54. 가 55. 가
채점	정답수 x (2점) =	정답수 x (2점) =	정답수 x (1점) =		정답수 x (2점) =
합계	(제1범주 + 제2범주 + 제3범주 + 제4범주) + 10점 =